U0806853

趣读李白

青少版

卢倩◎著

航空工业出版社
北京

内容提要

《趣读李白》是一部精心为孩子们编写的李白读本。通过活泼的叙述，孩子们将深入了解李白的传奇人生，并沉浸在他那充满魅力的诗篇之中。书中穿插趣味漫画，让孩子们在轻松愉快的阅读中感受大唐顶流明星李白的风采。

图书在版编目（CIP）数据

趣读李白 / 卢倩著 . -- 北京 : 航空工业出版社，2024.11. -- ISBN 978-7-5165-3853-1

Ⅰ . K825.6-49

中国国家版本馆 CIP 数据核字第 202467U5U1 号

趣读李白
Qudu Li Bai

航空工业出版社出版发行
（北京市朝阳区京顺路 5 号曙光大厦 C 座四层　100028）
发行部电话：010-85672688　010-85672689

唐山楠萍印务有限公司印刷　　全国各地新华书店经售
2024 年 11 月第 1 版　　2024 年 11 月第 1 次印刷
开本：787×1092　1/16　　字数：120 千字
印张：14.5　　定价：68.00 元

前言

他，是诗坛巨星，也是风流才子，是仗剑游侠，也是道门信徒。

他，是闪耀在大唐夜空中最亮的星——诗仙李白！

少年时，李白胸怀壮志，才华横溢，酷爱诗书与剑术，一心想要建功立业，大展宏图。青年时，李白仗剑去国，辞亲远游，踏着一叶扁舟离开家乡，坚持追寻自己的梦想。只可惜，拜谒无门，仕途坎坷，十年又十年，他越来越感到行路难，难于上青天。尽管如此，他却从未改变心中的信念，固守着辅君安邦的理想，等待黎明前的曙光。

或是皇天不负苦心人，中年时，李白奉召入京，受到皇帝的高级礼遇，被封为待诏翰林，一时间名动长安，风头无两。然而，这看似辉煌的宫廷生活，实则暗流涌动。昏暗虚伪的官场对李白来说，无异于充满荆棘的囚笼，紧紧束缚着这只欲展翅高飞的大鹏。那直冲云霄的壮志，在日复一日的消磨中逐渐黯淡。他鄙夷权贵，傲视王侯，拒绝与奸佞同流合污，从而被“赐金放还”，再次踏上远游之路。

却不想，安史之乱的爆发如同晴天霹雳，令李白

的生活发生巨变。他虽是一介布衣，但胸怀壮志，渴望解救苍生于水深火热之中。然而，命运弄人，他因应召而误入是非之地，意外地被卷入了一场更为复杂的政治旋涡之中，最终不幸遭受流放夜郎的厄运，只留下满腔遗憾与无尽叹息。

李白这一生，波澜起伏，历经荣辱兴衰，却始终坚守初心，不弃理想，用内心的坦白与真诚，谱写出绚丽多彩的乐章。他性情豁达，乐于交友，且慷慨大方，仗义疏财，也正因如此，多次身陷险境，都有朋友相扶相助。直至生命的最后时刻，他能安心地将自己毕生的心血——那些璀璨的诗篇，托付给信赖的族叔，这不仅是文学的传承，更是灵魂的托付。他一路前行，一路高歌，一路感叹，一路创作。在大唐那片浩瀚的星空下，他犹如一颗璀璨的星辰，永恒地闪耀着，成为后人心中无可替代、超凡脱俗的诗仙。

本书在写作过程中，主要参考资料如下：安旗著《李白传》（人民文学出版社），李长之著《李白传》（人民文学出版社），葛景春著《李白传》（四川文艺出版社），金涛声著《李太白诗传》（巴蜀书社）以及有关李白诗作的其他出版书籍。因参考文献众多，篇幅有限，这里不一一列举。

希望所有喜欢诗仙李白的读者，都能在这本书中找到更多共鸣，汲取无尽智慧，获得更多感悟。愿你们能够坚守心中的那份纯真与信念，不畏艰难，勇往直前，在人生的旅途中不断追求卓越。相信在不懈的奋斗和坚持下，终将迎来“长风破浪会有时，直挂云帆济沧海”的辉煌时刻，成就属于自己的非凡篇章。

目录

巴蜀岁月

仗剑远行

定居安陆

红尘辗转

翰林待诏

诗酒天涯

乱世飘零

此生归途

巴蜀岁月

小天才出生了

纵观上下五千年，历史如漫漫长河，人生似点点潮汐，时而波澜壮阔，时而平静如镜，无论大小起伏，最终都将汇入那无边无际的大海，消散在风轻云淡之间。无论是王侯将相，抑或百姓平民，哪个人的一生，不是从呱呱坠地开始，最终走向生命的终点呢?

只不过，有些人生而不凡，其与众不同的传奇色彩，或许从出生那一刻，便已注定了。

唐武后长安元年（701）某一天，随着嘹亮的婴儿啼哭声划破天际，一个白白胖胖的男婴出生了。他的脸蛋圆圆的，如皓月般明净；眼睛大大的，似星辰般闪亮，真是令人一见倾心，再见难忘。据说，婴儿降生之前，他的母亲曾梦见西方的长庚星，也就是太白金星，从天空落入自己的怀抱。难道说，这个婴儿就是太白金星坠入凡间的化身吗?

婴儿的父亲根据这一梦境，决定将自己的孩子取名李白，字太白。

然而，传说终归只是传说。小李白与其他婴儿并没有什么不同，吃喝拉撒要人照顾，趔趔趄趄学步行走，咿咿呀呀开口学话……既无主角光环，又无外挂加持，就是一个平凡可爱的小男孩。

但似乎这样说，也不够准确。

小李白确实存在一些“特别”之处，那就是他的出身背景。尽管后人对此众说纷纭，有的离奇古怪，有的主观武断，有的自说自话，但有一种说法，是大多数人所赞成的，即认为他具有“华侨”身份。

这到底是怎么回事呢？

原来，李白出生那一年，全家人并不在华夏中原地区，而是居住在大唐安西都护府管辖的西域碎叶城（今吉尔吉斯斯坦境内）。也就是说，李白出生在国外，以当时的百姓来看，他算是个“外国人”。而李白一生，很少谈起自己的原生家庭，或许也与此有些关系。

不管怎样，小李白在西域无忧无虑地长到了五岁。他一边学习汉语，一边学习胡语（西域话），从小在双语环境的熏陶下，哪怕日后不能成为举世闻名的大诗人，也可以轻轻松松做个出色的外交家。

这时，命运的车轮开始转动起来。

神龙元年（705），也就是李白五岁那年，武周退位，唐中宗掌权。趁着皇帝大赦天下，李白一家离开了西域，返回中原。

小李白受父亲的影响，一直对中原地区充满向往。五岁之前，他生活在西域荒凉之地，从没见过真正的盛世繁华。当行走在茫茫荒漠中时，李白被眼前的景象吸引住了：那宛若蛋黄的落日，余晖中透露出一丝沧桑和孤寂；那时不时响起的驼铃声，犹如轻快的小夜曲，指引着前行的方向。

天色渐暗，一家人搭起帐篷，围火而坐。空荡荡的沙漠里，夜空中的那轮明月，仿佛突然被拉近了距离，触手可及。李白从小就喜欢月亮，三岁时他曾说月亮是神仙的镜子，母亲说他“神说”。后来，“月亮”也成为李白诗中最重要的一个情结。

就这样，经过多日长途跋涉，李白一家终于越过沙漠，到达陇西秦州（今甘肃天水）。父亲凝视着城门，高兴地说：“这里才是我们的老家呀！汉朝的飞将军李广，是我们的祖先！”李白大声欢呼：“哇，太好啦！我们到家喽！”年幼的李白，或许并不在意自己的出身，但父亲的这句话，却牢牢印刻在他的心里，令他产生一种前所未有的自豪感，以至此生终了，他也从未改变过这种信念。

本来，李白一家计划得好好的，想去都城长安定居。可偏偏老天爷跟他们开了个玩笑。据传，当时的长安城秩序混乱，治安状况堪忧。更为棘手的是，有消息说，从西域回来的人似乎并未被纳入大赦的范围内。天啊！这可糟糕啦！不去长安不要紧，但万一朝廷派人来追捕他们，甚至有可能再次被发配到遥远的西域，那就真的一筹莫展了。

左思右想好几天，李白父亲最终决定：放弃长安，转去巴蜀。巴蜀之地，位于大唐西南，虽不够繁华，不够热闹，但山美水美，物产丰富，尤其是人烟稀少，便于隐居，简直就是李家理想的安家之所。

既然如此，那还等什么？二话不说，立刻出发！

于是，李白一家又离开秦州，踏上了去往西南的蜀道。“蜀道难，难于上青天”，这话一点儿也不假。年仅五岁的李白，跟着家人翻山越岭，风餐露宿，可没少吃苦，但他咬牙坚持住了，值得一万个赞。

没多久，李白一家在巴蜀绵州昌明县青莲乡定居下来。

这是一片四面环山、两面傍水的好地方。远处山峦起伏，云雾弥漫，郁郁葱葱，翠色如画；近处水流潺潺，青竹掠影，粉荷绽放，万里飘香。“哇！简直太美啦！”小李白睁大眼睛，兴致勃勃地左看右看，很快就爱上了这个新家。而他自己，也将在这片山清水秀的地方，迎来一段快乐的新生活。

快乐成长山水间

自古以来，“巴蜀之地”便是无数文人墨客、道友仙家最向往的地方。这里钟灵毓秀，风景如画，历史源远流长，文化底蕴丰厚，物产丰饶多样，民风淳朴自然，宛如世外桃源，呈现出宁静祥和的生活气息。

而我们的诗仙——李白，就是在这人杰地灵的山水间，度过了宝贵而快乐的童年。

青莲乡的周围，有云蒸霞蔚的漫波渡（旧称“蛮婆渡”），也有泉峰交叠的戴天山，还有翠色相连的青竹林……目光所及，点点成诗意，处处皆美景。小李白在青山绿水的滋养下茁壮成长，性格豪爽而奔放，心思纯真而浪漫，不落俗世，不染尘埃，肆意随性，自由自在。

说起来，无论古代，还是现代，作为一个正值读书年龄的孩子，都无法逃避“学习”的使命。李白也不例外，童年时期，读书是他生活中最重要的一件事。

小李白天资聪颖，才华横溢，别的孩子需要花费数月才能掌握的诗书，他仅需数日便能融会贯通；别的孩子需要花费数月才能背诵下来的名著，他也只需几天就能背得滚瓜烂熟。他阅读速度之快，理解能力之强，远超同龄人。

李白的父亲见儿子这么天赋异禀，心中自然是高兴不已，还专门为他请来私塾先生，进行一对一教学。可此时的李白，正处于贪玩爱闹的年纪，且对外面的世界充满好奇，怎么会愿意乖乖在家读书呢？更何况，学习与玩耍相比，本来就是一件辛苦的事，哪个孩子不渴望能够自由玩耍呢？

其实“勤学苦读”的道理，几乎人人都明白，但能够坚持不懈、自省自律者，却少之又少。天天读书，日日重复，枯燥无味，又受束缚，小李白对学习越来越没兴趣，越来越没耐心。于是，他开始施展小聪明，想办法瞒着父亲和老师，逃课溜出去玩：有时爬山看风景，有时上树掏鸟蛋，有时穿林摘果子，有时下河捉鱼虾……若这段珍贵的年少时光，完全被他荒废在嬉戏玩乐之中，或许便不会有日后名垂千古的“诗仙”了。

据说，一次特别的经历，彻底改变了小李白的学习态度。而这个故事，在南宋学者祝穆编撰的《方舆胜览·眉州·磨针溪》里也有记载：一天，小李白又无心听课，偷偷溜出来闲逛。他一路上东瞧瞧，西看看，不知不觉来到山脚下。此时，阳光和煦，清风送爽，小鸟在枝头欢快地歌唱，小溪在山边潺潺流动，眼前的景致堪称绝佳，美不胜收，令人陶醉不已。

小李白环顾四周，忍不住慨叹：“幸好我逃学溜出来，若是关在屋子里，岂不白白错过了这大好时光！”他越想越得意，正准备往山里走时，突然看见一位白发苍苍的老婆婆，坐在溪边的青石上专心致志地磨着什么东西。

小李白出于好奇，飞快地跑了过去，却惊讶地发现老婆婆正在耐心地来回磨一根又粗又长的铁棒。“婆婆，您这是做什么呀？”小李白轻轻皱眉，满脸困惑地问。

老婆婆抬起头，擦去额角的汗水后，笑着回答：“我在磨缝衣服的绣花针。”

“绣花针？”小李白一下子愣住了，他的眼睛瞪得大大的，简直难以置信。他指着那根粗铁棒说：“可，可是，这么粗的铁棒，什么时候才能磨成针呀？”

老婆婆看着李白，温柔而坚定地说：“只要我肯下功夫，不停地磨，总有一天会将铁棒磨成针。”

听完老婆婆的话，小李白陷入了沉默，他的脸蛋变得又红又烫，心中充满了愧疚与懊悔。同时，老婆婆那种“铁棒磨成针”的坚持，也如神奇的魔法一般，瞬间点醒了他，使他幡然悔悟，心灵受到极大的震撼。

从此，小李白改变了自己的学习态度，不再投机取巧，不再怕苦怕累，不再贪玩嬉闹，而是全身心地投入学习中，刻苦努力，孜孜不倦，持之以恒。

在《上安州裴长史书》中，他曾介绍过自己的童年生活，也包括真实的学习情况。文中提到："五岁诵六甲，十岁观百家。"展现出李白非凡的学习天赋和勤奋好学的精神。

李白所读的"六甲"，是指道教方术之书，涵盖了天文地理、阴阳哲学、战术谋略等多个方面。"百家"则是指道家、法家、儒家、墨家、纵横家等各个思想流派的学说。由此可见，李白年仅十岁时，已涉猎诸子百家，博览群书，成了当之无愧的"小学霸""小神童"。

此后，在父亲的悉心引导下，小李白开始阅读司马相如的作品。只要有空，父亲就会带着他朗诵《子虚赋》。别看他小小年纪，文学天赋却极其突出，没学多久便写出了属于自己的作品。这段童年时的温馨时光，也深深植根于李白心底，是他人生中最宝贵的回忆之一。

少年作赋凌相如

时光荏苒，日月如梭，转眼又过了五个春秋。那个“十岁观百家”的小神童李白，已经长成了“陌上人如玉”的翩翩少年郎。

十五岁，正是风华正茂的好年华，亦是狂妄叛逆的青春期。从古至今，处于这个年龄段的少男少女们，或多或少都会显得有些“出格”：他们或特立独行，或桀骜不驯，或意气风发，或勇往直前……而在李白所生活的唐朝，十五岁则蕴含着更丰富、更神奇的意义。

十五岁是很多唐人一生中的重要节点，甚至关系着未来的发展方向与前途。其中，与李白齐名的几位著名诗人也都曾在十五岁的年纪做出与众不同的壮举。例如，王勃在十五岁时给宰相写自荐信，从此开启仕途之门；王维在十五岁时离开家乡，前往长安赶考，途中写下“星辰七曜隔，河汉九泉开”的磅礴诗句；而杜甫则在十五岁那年开始出游翰墨场，迈出了步入文坛的第一步。

那么，十五岁的李白，又在做些什么呢？

一个生于大唐西域的“华侨”，一个长于巴蜀之地的“天才”，成年后必然会更加不同凡响。少年时期的李白，拥有高山的豪迈、绿水的温柔、清风的自由和霞云的浪漫……这一切的一切，共同构成了他那别具一格又丰富多彩的青春年华。

从稚嫩的童年开始，读书便成为李白生命中不可或缺的一部分，贯穿了他的整个人生。

李白热爱阅读，他对书籍有着广泛的喜好，不受年代和类别的限制。无论是正统的读本、经典的名著，还是各家学说、杂谈野史，他都能兴致勃勃地阅读，并从中汲取所需的养分，拓宽视野，丰富见识，一步步地扩展自己的学识领域。

李白在写给宰相张镐的诗中曾自我评价道：“十五观奇书，作赋凌相如。”

少年李白所读的“奇书”，当然不是儒家正统的书。在涉猎百家的基础上，他更偏爱于能够出奇制胜的“纵横学说”，这些学说广博宏大，气势磅礴，与他的个性和创作风格相得益彰。

正因为这样，李白十分敬仰西汉著名的辞赋家——司马相如。自从父亲引导李白学习《子虚赋》后，李白就逐渐爱上了诗歌辞赋，也对这位汉赋大家产生了敬慕之情。司马相如是我国西汉时期的文学家，他在继承前人传统的基础上，开创了“大赋”这一新体裁，将辞藻的富丽堂皇发挥到极致，形成恢宏澎湃、气势磅礴的文风。或是受此影响，也因性格使然，李白一生所作诗词文章，皆有磅礴宏大之势，给人席卷天地的旷达之感。

当然，十五岁的李白，哪怕真是“太白金星”降世，也未必能够超越早已站在“赋顶”的司马相如。他自称“作赋凌相如”，或许有些狂妄不羁，但更多地展现了他坚定的自信与强大的魄力。试想一下，哪个十五岁的少年，敢去叫板文坛金字塔尖的宗师呢？这份胆识与魄力，若李白居第二，没人争第一。

李白的才学，如璀璨明珠般，照亮了整个青莲乡。很快，他就成了远近闻名的“偶像明星”，不但被众人日日追捧，还受到县令邀请出任书吏。对于普通人来说，这无疑是一条步入官场的捷径，但李白性情豪爽纯真，最看不惯那些阳奉阴违之举，对县令的虚伪深感厌恶。李白心想：“与其在这乌烟瘴气的县衙装聋作哑，还不如去大匡山静心学习，与飞鸟为伍，与清风为伴呢。”于是，短短几个月后，他便留下一封辞职信，直接回家了。

大匡山，又名大康山、戴天山，因山势像筐而得名。李白十多岁时，开始进山读书，直到辞亲远游，不知在这里度过了多少

个日日夜夜，也不知翻阅了多少古典文籍。可以说，气候宜人、风景秀美的大匡山，是李白青少年时期最熟悉的地方。在李白诗集中，有一首早期作品《访戴天山道士不遇》，就描述了大匡山别样的山林景致。

犬吠水声中，桃花带露浓。
树深时见鹿，溪午不闻钟。
野竹分青霭，飞泉挂碧峰。
无人知所去，愁倚两三松。

这首诗大约创作于李白十八岁，诗中所提及的戴天山道士，其真实身份如今已经无法考证。然而，深山峡谷中的潺潺流水，掩映竹林的层层云霭，露珠点缀的红粉桃花，飞瀑高挂的碧绿山峰，这些美不胜收的山林奇景，宛若精致秀雅的画卷一般，令人心驰神往。

少年李白，意气风发，才华横溢，踌躇满志，自信“作赋凌相如”。可若仅仅是这样，李白恐怕难以担当起日后的“诗仙”美誉。诗，他信手拈来，出口成章；仙，则指天上仙人，超凡脱俗，又怎会与李白融为一体呢？这就要从他喜爱的另外两件事说起了。

拜师学艺蜀中游

在距离唐朝千百年后的今天，李白在世人眼中不但是一位诗作冠绝天下的文豪，还是一位琴棋书画无一不精的全才。虽然没有确凿的考证，但这样的评价似乎也并非空穴来风：李白从小接受精英教育和素质教育，双管齐下两手抓，德智体美劳全面发展，才学无人能及，同时他还具备不俗的武艺，尤其是剑术，更是他引以为傲的技艺。

李白在自己写的《与韩荆州书》中这样说：

> “十五好剑术，遍干诸侯。”

由此可知，十五岁的李白，除了沉浸于“观奇书”之中，亦致力于练武、学剑术。其实，李白自幼便崇尚侠义之道，书籍的阅览为他打开了更广阔的视野，而侠士的情怀则为他铸就了更坚定的志向。

李白自小就具备侠义心肠，他爱护身边的小伙伴，乐于打抱不平，性格仗义豪爽。他希望有朝一日，自己能成为一个满腔热血的游侠，凭借一身精湛的武艺和剑术，行侠仗义，笑傲江湖。当然，他也憧憬早日步入仕途，成为一个文武兼备的人才，那样岂不是更容易得到帝王青睐？

于是，李白下定决心，要拜师学艺，他开始游历附近州县，观览壮丽的山川河流，寻觅那些传说中的世外高人。或许是机缘巧合，又或许是命运的安排，李白在十八岁的时候在梓州（今四川三台）长平山有幸遇到了与他志趣相投、亦师亦友的重要人物——东岩子赵蕤(ruí)。

赵蕤，字太宾，是个身怀高才的隐士。他从小饱读诗书，博古通今，精于道术、剑术，擅长纵横学，有辅佐帝王之能。年轻时，他也曾怀揣满腔热血参加科考，却屡次名落孙山，最终选择低调归隐，过着“采菊东篱下，悠然见南山”的隐士生活。

李白和赵蕤一见如故，彼此间仿佛有种惺惺相惜的亲切感。李白当场拜师，跟随赵蕤居于山中，苦练剑术。赵蕤对李白也是喜爱有加，欣赏他真诚而纯粹的性格。他将毕生所学倾囊相授，与李白之间建立了深厚的师徒情谊。

在和赵蕤隐居的日子里，李白不仅刻苦钻研剑术，更潜心修炼心性。蜀地深山，林木茂盛，奇峰林立，溪流潺潺。空气中飘荡着浓浓的花草香，清风中弥散着淡淡的云霭，令人感觉神清气爽，心旷神怡。在这样的地方生活，李白远离尘世的喧嚣，不为烦恼所扰，心绪平和而宁静，仿佛置身于时间之外，任由岁月在其身边匆匆流转。

李白曾在《感兴八首·其五》中写道：

十五游神仙，仙游未曾歇。

因李白崇尚道教，在十五岁之前，他已经自学道教典籍了。他曾给自己设定下两个理想：一是入仕为官，造福天下；二是修道求仙，逍遥自在。而当李白遇到赵蕤时，他对理想的坚守也越发坚定了。

赵蕤不仅悉心传授李白剑术，同时也给他讲述道学之精髓和纵横之术的奥妙。在潜移默化中，李白受到老师赵蕤的影响，逐渐将这些思想融入自己的生活和创作之中。在未来，他将开拓出一片独属于自己的新天地。

李白拜师期间，赵蕤正在撰写一部集谋略于大成的著作《长短经》。此书博采众长，融合道家、法家、儒家、阴阳家、纵横家及杂家等多种思想学说，从王权政治和知人善任两方面，分析事实，引经据典，令李白深受震撼，在他心中留下了难以磨灭的印象。

当时的李白，仍是个思想尚未成熟的少年。若每日只是机械地练剑、修行，重复而枯燥，恐怕他迟早会对这样的生活感到厌烦。幸好，他的老师赵蕤是个充满生活小情趣的人，这一点也与李白的性格颇为契合。

原来，赵蕤在山中精心养育了上千只形态各异的飞鸟。有善于传信的鸽子，有在水中嬉戏的鸳鸯，有聪明学话的鹦鹉，还有歌声婉转的画眉……这里简直就是鸟类的乐园！每当赵蕤叫谁的名字，谁就会翩然而至，轻巧地落到他的掌心啄食。当成百上千的鸟儿从四面八方纷纷飞来时，那场面蔚为壮观，何尝不是一幅绝美惊世的画卷？若是在现代，这样的场景必定会引来无数粉丝的狂热追捧。

在深山拜师学艺的日子，李白过得无忧无虑，收获颇丰。他很喜欢也很向往这样的生活，然而，性格的差异终究决定了他们师徒二人不同的命运轨迹。赵蕤已年过半百，望尽红尘，看破人生，他只愿以低调的姿态，深邃的内心世界，做一个隐士。而李白正值青春年少，满怀激情与壮志，美好的人生才刚刚开始，岂能甘心默默无闻，就此无声无息地沉寂？他渴望的是翱翔于更广阔的天地，追逐更壮丽的未来。

于是，李白恋恋不舍地向老师辞行，为实现自己的理想和抱负，踏上了蜀中的仙游之路。他走过大匡山、天苍山，又来到峨眉山，一路赏景无数，结识了不少道友，打开了眼界和格局，收获了更多道术学问。

这年冬天，李白重返大匡山，选择隐居于此，专心读书，自我提升。他清晰地记得老师赵蕤曾对他说：“你才华横溢，一旦遇上慧眼识才的伯乐，便可大展宏图。一旦闻名京师，便是你平步青云之日。而要实现这一切，则须……”这时，李白迫不及待地接过话茬儿：“读万卷书，行万里路。遍干诸侯，历抵卿相。”老师听后，笑着点头，李白也自此将这番话牢记于心。他相信终有一日，他将如大鹏般展翅高飞，翱翔于那广袤无垠的天际，直冲云霄九万里，实现自己的凌云壮志！

后生可畏，别小瞧

“世有伯乐，然后有千里马。千里马常有，而伯乐不常有。”倘若缺乏慧眼识珠的伯乐，即便是那璀璨夺目的“夜明珠”，也难免被无情的时光埋没。

历史上，很多卓尔不群的名人，都曾有过怀才不遇的经历。尽管人们常说：“是金子总会发光的”，可那段漫长而无奈的等待，不知又会蹉跎多少岁月呢？

李白自幼胸怀天下，希望在政治上“为帝王师”，走仕途、入庙堂。然而，命运弄人，他因出身和家庭的缘故，无法参加科举考试，只能另辟蹊径。幸好，唐朝入仕为官不止科举一条路，还可以通过贤臣举荐，直接进入国家编制，成为政府公务员。

开元八年（720），李白刚好二十岁。为实现自己的理想和抱负，他开始了人生中第一次漫游。这次出游，李白并未选择远行他方，而是围绕巴蜀地区几座大都市周游，旨在开阔眼界，增长见识。然而，他此行最主要的目的，是积极主动地干谒诸侯，希望能够寻得识别自己这匹千里马的伯乐。

李白漫游的第一站——成都。

唐代的成都，作为益州的首府，是西南地区一个重要且繁华的城市。这座城市历史悠久，文化底蕴深厚，物产极为丰富，沃野千里，气候宜人，因此被称为“天府之国”。这里风光绮丽，景色秀美，林木常青，花团锦簇，如诗如画。

不过——

游归游，看归看，李白此行最大的心愿，仍是想凭借自己的才华干谒名流，从而出人头地。幸运的是，机会很快就降临了！

在成都游历期间，李白偶然得知，当朝政坛和文坛双重巨星——苏颋（tǐng），即将出任益州大都督府长史。苏颋是一位德高望重的半百老人，出身于官宦世家，长期在朝廷担任要职，同时又是一位文坛巨擘，素来乐于提携有才华、有志向的青年才俊。这不正是李白要寻找的伯乐吗？于是，李白满怀期待地前去求见。当苏颋在半路的驿站休憩时，李白抓住机会，向他呈上了自己精心创作的《明堂赋》和《大猎赋》，期望得到他的赏识与举荐。

苏颋注视着眼前的年轻人，并未过多言语，只是淡淡一笑，便将目光转向了那两篇辞赋。李白坐在一旁，悄悄地观察着苏颋的表情，可老人家喜怒不形于色，这使得李白越来越紧张，内心忐忑不安。

就在李白感到不知所措时，苏颋突然转过身，对随行官员说：“此子天才英丽，下笔不休，虽风力未成，且见专车之骨。若广之以学，可以相如比肩也。”

苏颋对李白给予了极高的肯定，充分表达了对他的欣赏和赞美，深信其必将在文坛上大放异彩。这样一位声名显赫的长辈的赏识和鼓励，极大地激发了李白内心的雄心壮志，为他今后的人生道路注入了无尽的动力。苏颋果然向朝廷推荐了李白，只是推荐信不知落入朝中哪个权贵手中，后来就没有消息了。李白的仕途之路也因此变得曲折而充满未知。

这次与苏颋短暂的接触，让年轻的李白感受到了人生的无奈。他原本以为，凭借自己的才华横溢，定能畅通无阻地迈向人生的巅峰。然而，现实却告诉他，事情远非想象中那么简单。城市的纷繁复杂，官场的深不可测，都让他意识到，成功并非一蹴而就，也不是仅凭才华就能轻易获得的。

在成都，李白游览了很多神往已久的名胜古迹：诸葛亮的武侯祠、司马相如的抚琴台、扬雄的“草玄堂”……这些充满历史气息的亭台楼阁，不仅让他怀念流逝的过往，更激发他对美好未来的无限向往。

经过一段时间的游历，李白离开成都，转而去了千里之外的渝州（今重庆）。这是李白第一次来到渝州，不为游玩赏阅，只为谒见一位大名鼎鼎的文坛前辈——李邕（yōng）。据史料记载，李邕是盛唐时期著名的文学家、政治家、书法家，堪称文坛的领军人物，深受世人的敬仰与推崇。此时，李邕正担任渝州刺史一职，他为人公正无私、知人善任，是大唐朝廷中一位杰出的贤臣。

李邕少年成名，颇为自负，与李白倒有几分相似。尽管前段日子李白在苏颋那里遭遇“滑铁卢”，但苏颋对他的作品给予了极高的肯定和赞赏。于是，李白满怀信心，将原本献给苏颋的文章又重新誊写一遍，托人送到李邕手中。这时的李白，自信满满，胸有成竹，暗自得意地想：我的辞赋，连苏颋看过都赞不绝口，李邕也必定会对我的作品青睐有加。

谁知，李白的美好幻想如浪花一样，被狠狠地拍碎在沙滩上。怎么回事呢？原来，李邕最感兴趣的是碑文，压根儿没留意李白的作品，就派手下人把李白打发走了。

李白原本满怀期待，深信自己此次定能得偿所愿，然而结果却如一盆冷水迎面泼来，让他失望透顶，愤慨难平。回想起李邕那漠不关心的态度，不理不睬的举止，再依着李白那狂妄自负的性情，他怎么可能忍气吞声地离开？于是，李白愤而提笔，写下一首流传千古的名篇《上李邕》：

大鹏一日同风起，扶摇直上九万里。

假令风歇时下来，犹能簸却沧溟水。

时人见我恒殊调，闻余大言皆冷笑。

宣父犹能畏后生，丈夫未可轻年少。

李白在诗中以“大鹏”自比，抒发自己的鸿鹄之志，且毫不掩饰地嘲讽李邕态度傲慢，目光短浅。他借古喻今，质问李邕：“孔圣人尚觉后生可畏，你可千万不要小瞧年轻人！”

李邕读罢此诗，十分懊悔，连连感叹："初生牛犊不怕虎，李白是个奇人呀！"此时，李邕心中的悔与李白心中的愤，都成了各自心中的刺。可谁又能想到，两人的缘分仍在延续，多年后竟互相折服，携手共游，成为一生挚友。

仗剑远行

世界那么大，我想去看看

我们常说“海阔凭鱼跃，天高任鸟飞”。时值大唐盛世，天地辽阔，风华正茂的李白既以“大鹏”自比，又怀鸿鹄之志，怎会甘心屈居蜀中，碌碌无为度日呢？他是大鹏，当振翅高飞，直冲云霄。

结束成都和渝州之行，李白返回熟悉的大匡山，决心在学业上再下一番功夫。在这充满亲切感的环境中，他读书、练剑、修道“三不误”。他相信，天地那么广，世界那么大，总会有自己实现理想、立下功勋的那一天！

于是，开元十二年（724），李白怀揣着壮志与梦想，离开青莲乡和大匡山，仗剑去国，辞亲远游。这一年，李白二十四岁，相貌堂堂，英姿勃发，长发白衣手中剑，黑眸炯炯似繁星，看起来神清气爽，潇洒出尘。

李白乘舟沿江而下，所过之处，山水环绕，美不胜收。途中经过峨眉山，他决定在此逗留几月，前去探访一番。美景映入眼帘，明月留在心底，他触景生情写下名作《峨眉山月歌》。

峨眉山月半轮秋，影入平羌江水流。

夜发清溪向三峡，思君不见下渝州。

李白从小就喜欢月亮，而这轮峨眉山月，陪伴他一路出蜀，默默为他送行，令他对故乡的不舍之情更加浓烈。往后的日子里，李白亦时常仰望天边的明月，但心中始终觉得，只有那峨眉山的明月独一无二，承载着他对故乡深深的思念与眷恋。

舟行江上，一日千里，青山在侧，水流湍急。壮丽的江景，翻卷的浪花，宛若行走的画卷，令李白连连赞叹。开元十三年（725）春天，他乘舟出三峡，过荆门，看平原旷野，江水浩渺，云雾茫茫，海天相接，不禁豁然开朗，情绪激荡，一首《渡荆门送别》脱口而出：

渡远荆门外，来从楚国游。

山随平野尽，江入大荒流。

月下飞天镜，云生结海楼。

仍怜故乡水，万里送行舟。

李白远渡荆门，来到江汉平原，自然是百感交集，既有对故乡的恋恋不舍，更有对未来的无限憧憬。路在脚下，唯有前行，当夜色降临时，李白到达了漫游第一站——江陵（今湖北荆州）。

江陵是唐代荆州的首府，不仅是历史悠久的名城，也是非常重要的经济、文化中心。江陵地处东西南北交通要塞，商贸十分发达，车水马龙，人来人往，尽显繁华。

这座人杰地灵的名城，怎能不好好游览一番呢？李白漫步在江陵的街道上，欣赏着那些历史遗迹，悉心搜集着街头的歌谣，泛舟于江湾之上，望着帆樯在江面上出没……仿佛置身于一幅流动的画卷之中。这一幕幕如诗如画的景象，让李白真切地感受到荆州的风土人情，也深深体味到楚地生活的别样乐趣。

在江陵，李白认为最幸运的，是亲自拜访了一位名满天下的道教宗师——司马承祯。司马承祯博学能文，不仅是道家数一数二的殿堂级人物，也是闻名天下的书法大家。尽管皇帝曾多次邀请他入朝为官，但他都婉言谢绝，一心只想潜心修道，超脱世外。

此时，司马承祯正好云游到江陵，他的居所门庭若市，宾客满堂。李白在好友吴指南的引荐下，有幸见到了自己崇拜的道教偶像。在司马承祯面前，李白就像个蹒跚学步的孩童，心情激动而澎湃，却同时又表现得小心翼翼，毕恭毕敬。

没想到，两人一见如故，相谈甚欢。司马承祯非常欣赏李白，认为他天资聪颖，见识卓越，并称他“有仙风道骨，可与神游八极之表”，又说“以你的才华和智慧，在这开元盛世之中，定能展翅高飞，鹏程万里。待你完成辅佐君主、光耀门楣的使命之后，不妨再来天台山寻我，共话道法自然之真谛”。李白深受司马承祯的鼓舞，内心豪情万丈，于是挥毫泼墨，创作了一篇《大鹏赋》，来抒发觅得知音的喜悦，展现自己凌云壮志的豪情。

灵魂的相遇，才是最美的重逢。李白与司马承祯，虽然年龄相差甚远，但彼此惺惺相惜，志趣相投，自此结成忘年之交。

有了司马承祯对他的指点和鼓励，李白信心倍增，更加充满豪情壮志，对未来充满了无限期待。他收拾好行囊，与朋友吴指南一起，继续南下。这年夏天，他们来到岳州巴陵（今湖南岳阳），登览岳阳楼，畅游洞庭湖。

不幸的是，好友吴指南突发疾病，来势汹汹，不久后暴病身亡。李白伤心欲绝，悲恸不已，守着朋友哭泣不停，直到泪水流尽，眼中流出血来，连从旁经过的路人看到这一幕，都会不由自主地伤心起来。因天气炎热，李白念他故乡路途遥远，只能暂时将好友安葬在洞庭湖畔。三年后，他重返洞庭，将好友的尸骨带往鄂城（今湖北）之东，并重新买了墓地，让好友真正入土为安。

一路漫游，悲喜交加，分分合合，又有谁能预料？朋友的离去，让李白感受到生命的脆弱与沉重，也引发他更深地思考：人生苦短，当及时行乐；少年壮志，当直冲云霄！

怀着惆怅的心情，李白离开岳州，前往江夏（今湖北武汉）。江夏也是历史名城，黄鹤楼雕梁画栋，巍然耸立在长江之畔；鹦鹉洲碧草如茵，烟树如画，令人流连忘返。

李白一生创作的诗篇中，曾多次提及黄鹤楼。可见，黄鹤楼在他心中占据与众不同的地位，亦是他难忘而留恋的地方之一。

秋风瑟瑟下江南

李白人生中第一次漫游，既是畅然随性，也有些放飞自我。他心怀“入仕”的理想，行走在茫茫红尘。然而，这理想也时常让他陷入矛盾与挣扎之中，导致岁月在蹉跎中悄然流逝。

他离开故乡，行万里路，遍干诸侯，希望寻求入仕之法。但沿途美景令他流连，道教方术令他好奇，歌女吟唱令他怜爱，好友去世令他悲痛……种种情绪交织在心中，使他一度迷失自我，不知所措。时而他迫切地渴望入仕，实现政治抱负；时而他慨叹人生苦短，世事无常；时而他沉醉于酒中，寻求片刻的欢愉；时而他向往成为道中仙，超脱尘世。

但此刻，意气风发、志存高远的青年李白，只能一步步朝着理想的目标，不懈努力，期待自己这只“大鹏”，亦可早日同风起，扶摇直上九万里。

李白告别黄鹤楼，离开江夏，乘舟向东而行，经浔阳，登庐山。远远望去，只见一座山峰巍峨耸立，秀丽多姿，状如香炉，在阳光的照耀下生起紫色烟霞，仿佛天地间的灵气皆汇聚于此。高崖上的瀑布奔流直下，迸射飞溅，其气势之浩大，令人震撼！这正是庐山的香炉峰，气势苍莽，景色秀美，早已名扬四海，为众多游客所向往。李白初见此景，立刻被深深吸引，心潮澎湃，赞叹不已，再作千古名篇《望庐山瀑布》。

日照香炉生紫烟，遥看瀑布挂前川。

飞流直下三千尺，疑是银河落九天。

李白笔下的庐山，壮美奇丽，山水相映，紫烟冉冉，充满浪漫主义色彩，令人心驰神往。当李白这首诗传遍大江南北时，庐山也自然而然更加声名远播，无人不知无人不晓。

这次与庐山的邂逅，在李白心中埋下了“缘分”的种子。后来，他又曾多次去往庐山，与庐山再续前缘。

登舟而行，顺风顺水，不消三日，李白到达当涂（今安徽马鞍山）天门山。这里两山隔江对峙，陡峭险峻，雄伟壮观。李白乘舟而来，踏着落日余晖，看江面水波回转，红光灿灿，写下一首《望天门山》。

天门中断楚江开，碧水东流至此回。
两岸青山相对出，孤帆一片日边来。

李白的诗，宏大开阔，壮丽无比。无论写景或抒情，总是那么豁达豪爽，超然物外，这似乎也是李白的性格写照。

李白在旅途中走走停停，看似随性而为，尽享自由，但他从没有忘记“干谒”的最终目的。终于，在开元十三年（725）秋，李白抵达了神往已久的六朝古都——金陵（今江苏南京）。

金陵地处风景秀丽的江南，历史悠久，文化底蕴深厚，名胜古迹众多。此地山川秀美，英才辈出，实乃钟灵毓秀之地。城东的钟山，冈峦起伏，宛如一条巨龙似地盘伏着；城西的石头城，巍然高耸，犹如一只猛虎似地踞坐着；城北的玄武湖，湖面宽广，宛如一块翡翠镶嵌于地；城南的秦淮河，波光粼粼，犹如一条玉带轻盈飘舞。这里山水壮美，虎踞龙蟠，市井繁华，歌舞升平，聚集了天南地北的文人墨客、义士游侠，也难怪李白会如此向往了。

不过，李白在金陵住下后，举动有些反常。他没有像往常那样，四处游山玩水，赏览古迹，而是忙着去办一件大事。

李白一路上听说，大唐玄宗皇帝要进行泰山封禅，如今封禅大典已经万事俱备。在此期间，玄宗皇帝专门下了一道诏令，命全国各地荐举孝弟文武，随他一块儿去往泰山，共同见证这个伟大的时刻。

对李白来说，这可是千载难逢的好机会！只要能够被当地官员举荐，推开入仕那扇门，李白就有足够的信心，凭自己的才华和能力，成为大唐夜空中最亮的那颗星。

于是，李白带着最满意的作品，兴致勃勃去拜访金陵官员和社会名流，希望他们慧眼识珠，荐举自己。然而，官员们因封禅大典忙得团团转，根本没空接见他。因此，李白连续奔走数日，结果只是“十谒朱门九不开”，人家根本没空搭理他。至于那些有幸参加泰山观礼的“人才”，其实官员们心中早就“内定”了。无论李白多么才华横溢，多么与众不同，缺少了那块重要的“敲门砖”，也只能竹篮打水一场空。

可想而知，此时李白心中的挫败感有多么沉重。他仿佛突然看透了世事，不再执着于入仕之路，而是换了个生活方式：随心而过，恣意行乐。

李白遍访金陵的名胜古迹，眼界大开，见识愈深，所过之处，灵感涌动，诗作频出。半年时光，金陵翰墨场人人皆知，有个蜀中才子李白，文思如泉，妙笔生花。

李白在金陵结交了很多朋友，不论身份地位，不分高低贵贱。遇到穷困落魄的文人，他会慷慨解囊；遇到承受不公的弱者，他会拔刀相助；遇到身世可怜的歌女，他会雪中送炭。半年时光，金陵城中口口相传，有个巴山剑客李白，扶危济困，仗义疏财。桨声灯影里，有个翩翩郎君李白，风流倜傥，能歌善舞，他的诗作成了金陵的流行曲。

李白在金陵虽没有“干谒”成功，但他的诗作几乎传遍金陵各个角落，人人传诵。而他自己，也人气高涨，声名远播，成了“金陵大明星”。

扬州奔走不容易

李白在金陵逗留了差不多大半年的时间，除“干谒”的目标没有达成，其他方面也算收获颇丰。他广交朋友，积累人脉，慷慨大方，乐善好施，因此在金陵的社交圈子里混得风生水起。他性格洒脱、豪爽、浪漫，且不拘小节，散发着独特而强大的个人魅力，如火热炽烈的太阳一般，吸引着周围的人。

李白即将踏上新的旅程，前往漫游的下一站——扬州。金陵处处留下了他的脚印，秦淮河上回荡着他的新诗之曲，街巷坊间传颂着他的仗义之举，那些受过他帮助的人铭记着他的恩情，都不舍得他离开。因此，当李白乘舟欲行时，送别场面十分盛大。酒肆里，朋友们纷纷离座，举杯相送，诉说着离别的深情与不舍。

在杨花飘絮的时节，李白望着坐满江头酒肆的朋友们，心中百感交集，高高举起酒杯，向众人躬身告别，同时创作一首《金陵酒肆留别》，以表达他对友谊的珍惜与渴望。

风吹柳花满店香，吴姬压酒唤客尝。

金陵子弟来相送，欲行不行各尽觞。

请君试问东流水，别意与之谁短长？

众人听到李白的诗，争相传诵，交口称赞。尤其是最后一句，他以绵绵不尽的流水来比喻友谊的永恒，这一独特的创意为当时的文学创作带来了新的视角和灵感。如此恰到好处的比喻，令人啧啧称奇，更为李白那惊世骇俗的才华所折服。

这场离别欢宴持续到皓月高悬，仿佛谁都不愿意结束似的。金陵舍不得李白，李白也舍不得金陵，但“天下无不散之筵席”，前路漫漫，终要离开。再见了，金陵！

伴着夜空中那轮皓月，李白乘舟出了金陵，向扬州进发。

扬州，古称广陵，自古以来就是重要的渡口，也是唐代淮南道大都督府所在地。此地交通便捷，四通八达，无数商贾云集于此，经济发展远远领先于其他城市，呈现出极为富庶和繁华的景象。

扬州虽没有金陵那么多名胜古迹，但各种商业、文化、风俗、艺术融合在一起，让扬州充满了别样风味，显得与众不同。

李白对扬州早有耳闻，可亲眼见到那一刻，还是不由自主地惊呆了。繁华热闹的场景令人目不暇接，浪漫风流的情怀弥漫在城市的每个角落，自由自在的氛围更是让人心旷神怡。扬州的魅力深深吸引了李白，让他情不自禁地爱上了这座城市。

李白来到扬州，首要的事情仍然是干谒。于是，他东奔西走，拜访当地官员和权贵，求点赞，求收藏，求推荐。确实，以李白的才华和作品，绝对能够脱颖而出，得到伯乐的青睐。可最大的问题是：伯乐在哪里？世间本就少有伯乐，纵使李白是匹千里马，若无人识别无人问津，也只能被俗世埋没。

事实证明，李白在扬州的干谒又失败了。因为此时此刻，扬州的官员正全神贯注于泰山封禅后的欢庆中，无暇他顾。李白自然又是“十谒朱门九不开”，要多沮丧有多沮丧。

说起来，从金陵到扬州，已经过去一年了，难道玄宗皇帝的封禅大典还未结束吗？当然不是！在金陵，李白干谒期间，官员们正忙于大典的筹备工作；而当他抵达扬州，官员们又沉浸于大典结束后的欢庆之中。瞧瞧，大唐官员如此繁忙，又怎么会把视线落在一个小镇青年身上呢？

李白一次次承受打击，内心十分悲凉，渐渐迷失了方向。何以解忧？唯有杜康！他像在金陵那样，放飞自我，广交朋友，一掷千金，流连娱乐场所，恣意乐享太平，过着纸醉金迷的生活。

然而，好景不长，这样的日子便戛然而止，原因是——李白的钱包空了！他一向花钱如流水，出手阔绰，常常是只出不进，长此以往，积蓄自然被逐渐耗尽。更何况，他性格豪爽，每见落魄之人便心生怜悯，慷慨解囊，从不吝惜钱财。正如他自己所说：“东游维扬，不逾一年，散金三十余万，有落魄公子，悉皆济之。”

随着李白的万贯家财变得分文不剩，那些所谓的“朋友们”

见他没钱了，纷纷避而远之，不跟他玩儿了。旅店老板更是当场变脸，曾经的美酒佳肴也成了粗茶淡饭，李白的生活水平瞬间跌入谷底。

本以为遭遇已经够悲惨了，可偏偏祸不单行，正当李白钱包空空的时候，他竟然又在瑟瑟秋风中病倒了。

卧病在床思故乡

人们常说“在家千日好，出门处处难”，这确实是生活的真实写照。家，对于每个人而言，都是那个最轻松、最踏实、最温暖的港湾。无论远行的游子身在何处，只要有家做后盾，他们便不再孤独寂寞，只要有家在前方，他们就永远不会害怕。

李白是才子，是侠客，是诗仙，是千百年来独一无二的存在，但他更是个有血有肉的人。世有悲欢离合，人有喜怒哀乐：高兴时，笑逐颜开；悲伤时，泪流满面；愤怒时，火冒三丈；痛苦时，郁闷呻吟。无论李白，还是你我，都会有不同的情绪，会激动，会烦恼，会雀跃，会恐惧，会绝望……而当李白卧病在扬州时，便真真切切感受到了无助和痛楚。

李白常常一掷千金，有钱就花，从来不做理财规划，结果……当钱财散尽，他的生活水平一落千丈，还祸不单行地病倒了。在他最需要帮助的时候，平日里的酒肉朋友们一溜烟全跑了，连个影子也瞧不见，更别提探望他、照顾他了。

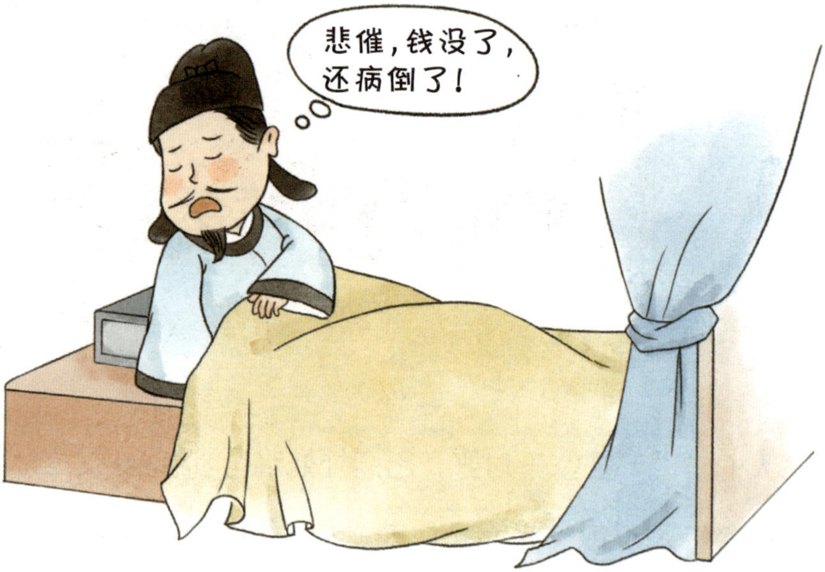

眼看就要流落街头、穷得吃不上饭了，一个在扬州当地做小官的朋友，如天神般来到李白面前，豪横地雪中送炭，把李白感动得涕泪横流，哭得稀里哗啦。

正所谓“患难见真情”，一个人若非走到绝境，很难看清他人的真面目。这位如及时雨般帮助李白的朋友，被他称为“孟少府”。其中，“少府”是官职，不是名字。时至今日，这位“孟少府”的真实姓名仍无法考证，但他在李白心目中的高大形象，是无人能够替代的。

孟少府不但亲自看望李白，帮他付清旅馆费用，还为他请来名医治病，给他留下日常的零花钱，可以说是照顾得非常周到了。正因为如此，李白的病渐渐有了起色，整个人也精神多了。

一天夜里，李白从梦中醒来，只见皎洁的月光静静地从窗口洒落，突然间他竟有些神思恍惚，仿佛自己正置身于遥远的故乡。他慢慢走下床，靠在窗边向外看，他深情地凝望着那轮熟悉的峨眉山月，顿时心潮起伏，思绪万千，写下千古名作《静夜思》。

床前明月光，疑是地上霜。

举头望明月，低头思故乡。

众所周知，李白最爱月亮，诗作中也常常出现月亮。这一夜，李白见月光如水，一泻千里，静静地洒落窗前，悄然勾起了他的思乡情绪。

此时，李白已离家两年，周身钱财散尽，身染疾病，孤零零地躺在异乡的客栈里，此刻他多么希望能感受到家的温暖呀！故乡，是游子们最想归去的地方，李白也不例外。可回想自己两年来的经历，登临山川，遍干诸侯，广结人脉，千金散尽，结果只落得两手空空，一事无成。他越想越悲愤，越想越憋屈，不知不觉泪染衣襟，泣不成声。如今的他，像是一叶浮萍，随波逐流，漂来漂去，蹉跎了岁月，磨灭了理想，壮志未酬，又怎能落魄还乡？

李白一心向往建功立业，期望高登庙堂，济苍生、安社稷，可始终报国无门，找不到出路。他年纪轻轻，志存高远，才华横溢，闻名江南，可为何那些官员们却对他视而不见呢？孟少府也有自己的苦衷，他十分欣赏李白，也很看重李白这样的有志青年，可他只是个芝麻小官，人微言轻，想帮忙也帮不上呀！

最终孟少府还是给李白找了条路子：去往安州，拜谒马都督。马都督是个惜才之人，你去拜见他，我给你

引荐。李白听完立刻来了精神，仿佛又一次看到了希望的曙光，再三感谢孟少府后，启程前往安州。

开元十五年（727），李白到了安州（今湖北安陆）。安州也属于淮南道管辖，与扬州遥遥相对，扬州在东，安州在西。安州的治所在安陆，虽然没有金陵的雄伟壮观，也没有扬州的富庶繁华，却山川秀美，别具特色。

意外的是，李白这次并没有直接去安陆，而是绕道先去了襄阳。为什么呢？原来呀，襄阳住着一位李白倾慕已久的偶像——大诗人孟浩然。

孟浩然是唐代著名的山水田园诗人，早已名扬天下，也收获了不少粉丝。很显然，李白就是其中一个。要说孟浩然这人，也是颇有才华，又生逢盛世，本应考科举、入庙堂，成为大唐王朝的骨干分子。可有时候，命运之神就是喜欢开玩笑，孟浩然参加过几次科考，结果都名落孙山，后来他回乡过起了隐居生活。

其实，世间很多高才之人，都曾怀有报国之志。只可惜，兜兜转转，蹉跎半生，仍推不开那扇报国之门，渐渐也就安于现状，没于尘世，不愿再离开自己的舒适圈。若这样下去，哪怕是志向高远的大鹏鸟，也会沦为凡物，再也无法振翅飞翔。

天啊！见到偶像了

李白与孟浩然，这对粉丝与偶像之间的友谊，在后人看来，如随风入夜的细雨，又如潺潺流动的溪水，没什么惊涛骇浪的波澜壮阔，也没什么风起云涌的惊心动魄。然而，正是这份平淡中的真实，普通中的真挚，构成了他们之间最深厚的情谊！

两人见面时，李白二十多岁，孟浩然年近四十，但年龄的差距根本算不了什么，他们各自耀眼的才华，已将彼此深深吸引。李白年少轻狂，意气风发；孟浩然满腹经纶，尽显儒雅。李白作为一个小粉丝，见到梦寐以求的偶像，心里有着说不出的激动与不安。

在来拜访孟浩然之前，李白曾设想过无数种可能的场景：孟浩然身为文学界的大咖，会不会闭门不见他？或者，有幸见上一面，随便给他个签名，便将他扫地出门？谁知，见到孟浩然后，李白所有的顾虑就烟消云散了。

孟浩然亲切随和，豁达洒脱，不但热情接待了李白，还像老大哥一般关心他、鼓励他。两人相逢恨晚，彻夜长谈，彼此引为知己，从此结下了深厚的友谊。

孟浩然住在襄阳鹿门山，自己精心挑选了几亩田地，建造了一个雅致的小院子。院子里种着各种花草树木，枝繁叶茂，生机勃勃。李白非常喜欢孟浩然的家，醉心于这里的田园风光，更欣赏孟浩然的超凡品格。孟浩然对李白这个小兄弟，也是打心底里赞叹不已：年轻的李白恰似一块儿璞玉，经过时间的打磨，必然会成为旷世珍宝。

两个志同道合、互相欣赏的人，能够在茫茫人海中相遇，这是一件多么令人欣喜的事。李白与孟浩然相谈甚欢，心中充满喜悦，两人游览作诗，饮酒论道，互倾理想，无话不谈。

李白很享受与孟浩然谈诗论文的日子，但美好的时光总是短暂的，分别已经近在眼前。李白还要去往安陆，为实现自己的理想继续奔波。孟浩然深知李白的渴望与追求，也没多做挽留，只是深情地道声珍重，然后亲自送他离开。孟浩然壮志难酬，已为自己的人生道路做出了选择，他只盼李白能够如大鹏一般，翱翔天空，飞上云霄。

李白结束与偶像的会面，便马不停蹄赶往安陆。尽管安陆对他而言是一片陌生的土地，但那里承载着他的梦想和希望，也是他人生旅程中的新起点。

说来也巧，李白刚到安陆，就遇见了老朋友元丹丘。元丹丘是个道士，与李白年龄相仿。早在蜀地大匡山时，两人便结缘相交，成为终身挚友。他乡遇故知，乃天大的喜事，李白心中又惊又喜。可李白也很好奇，元丹丘原本在戴天山修道，怎么会出现在安陆呢？原来，戴天山的师父仙逝了，元丹丘因此四处仙游。因他与安州马都督关系好，便暂时在安陆停留下来。

“哈哈哈……这也太棒啦！”李白激动地拉着元丹丘的手，同时又略带感慨地叹了一口气说道：“自从我离开故乡，至今已漫游两年多的时光，却始终干谒无门。实不相瞒，我这次来到安陆，正是想拜谒马都督，希望他能够帮忙荐举。”

元丹丘一听，拍了拍李白的肩膀，安慰道：“放心吧，这件事包在我身上！你何时想谒见马公，我亲自带你去，把你介绍给他。你的才情，天下无双，肯定能够大展宏图。”

于是，在好友元丹丘的引荐下，李白成了马都督的“座上宾”。马都督确实慧眼识人，礼贤下士，对李白十分欣赏，称赞他

是天下奇才，并向其他官员荐举。

慢慢地，李白在安陆当地文化圈中颇具名气，况且他相貌清俊，潇洒出尘，吸引了安陆很多有女待嫁的大户人家。其中，安陆许家最为显赫。

许家是当地赫赫有名的望族，祖上几辈都是朝廷高官，世受皇恩，无比荣耀。尤其是许家的祖父许圉（yǔ）师，曾在高宗皇帝时任职宰相，直接走入大唐权力的核心圈层。

那位待字闺中的许小姐，正是许相爷的孙女，如今已过二十五岁，才貌双全，温柔贤惠，只因家族门第太高，才会错过嫁人的豆蔻年华。许小姐的父亲许员外，为人谦和忠厚，很有威望。由于祖辈几代积累，许家家境殷实，地位崇高，人脉广泛。所以，许家希望招一位才貌双全的上门女婿，以延续家族的荣耀。在经过一番精挑细选后，他们相中了才华横溢、风度翩翩的李白。

那么，李白又会做出怎样的选择呢？

定居安陆

找个地方安家吧

自古以来，人们都说“男大当婚，女大当嫁”。直至今天，这句话仍是父母亲戚催婚的最强理由。可谁又能想到，一千多年前，盛唐最浪漫飘逸、潇洒出尘的“诗仙”李白，也曾有过类似的经历呢。

自从来到安陆，李白的才华逐渐得到认可，知名度也越来越高，成了当地青年才俊中的佼佼者。因此，安陆许氏这户名门望族“相中”了他，希望他能入赘做女婿。

此时，李白已近而立之年，属于唐代“大龄男青年”。按照习俗，他早应该娶妻生子，承担起家庭重担。可长期在外漂泊的李白，最大的愿望是“安社稷、济苍生”，对于成家立室这回事儿，他从未真正考虑过。更何况，许家提出的是招婿入赘，并非李白主动娶妻，通俗地说，李白将成为人家的“倒插门女婿”。在古代，男子做赘婿，并不是什么光彩的事，很有可能招来他人的闲言碎语，甚至被人耻笑。因此，除非家里实在贫困或走投无路，一般男子是不会选择上门入赘的。

可想而知，李白必然会左右为难，犹豫不决。于自己，堂堂七尺男儿，风度翩翩，潇洒出尘，排行榜上是名人，又怎么会心甘情愿做“赘婿”呢？于许家，虽没有当年许圉师任宰相时的无限风光，但人脉、资源、影响力仍在，若入赘，或许便能借此踏上一条仕途的捷径。

李白这次真的迷惘了，想来想去拿不定主意。偏偏那位赏识他的安州马都督，作为许家的老朋友，也有意撮合他和许家小姐，不时地旁敲侧击催促他成婚。李白实在不知怎么办，遂向自己的偶像、好朋友孟浩然求教。

孟浩然支持李白入赘许家。为什么呢？原因有三：首先，如身边那些催婚人所说，李白确实到了成家立室的年纪，应该找个地方安身了。第二，许家藏书丰富，天下少有，这将为李白提供一个极好的学习环境，有助于他在学业上继续深造。第三，也是最为关键的，依靠许家的人脉和影响力，能帮助李白在仕途上铺垫关系，从事干谒会更容易成功。

有了孟浩然的建议，李白心中的天平开始向“入赘”一方倾斜。再想想自己如今的处境，李白忍不住默然叹息：“‘先立业，后成家’，这原是我一直以来的心愿，我渴望自己如同大鹏一般，能在广阔的天空自由翱翔。可回首过往，才发现自己一事无成，落魄潦倒。或许，我真的应该找个稳定的归宿，安定下来了。”

于是，开元十五年（727），李白在自己二十七岁时，入赘安陆许家，与许圉师的孙女成亲了。这位曾经的许家小姐，现今的

李白夫人，史书上并没有明确记载太多她的事迹，但从李白的一些诗词中，我们能够看得出来，许夫人才貌双全，温柔贤惠，谈吐不凡，是一位腹有诗书气自华的大家闺秀。

婚后，李白与夫人情投意合，感情非常好，生活幸福美满。岳父许员外，也对李白这位胸怀壮志、才华横溢的东床快婿十分欣赏，将他当作自己的亲生儿子般看待，并开始谋划利用许家的人脉关系，帮助女婿推开前程的大门。

显然，这是一件大好事，也正如李白心中所愿，仿佛眼前的一切都在朝着美好的未来迈进。但若事事如意，毫无起伏，没有坎坷经历，只是顺风顺水抵达目标，似乎太过单调乏味，又怎么能塑造出后世独一无二的“诗仙”呢？

正当李白兴致勃勃准备进入新生活时，自古不变的“豪门影视剧”中的大反派登场了。这个人不是别人，正是李白的大舅哥许大郎。其实，许大郎只是许夫人的堂哥，并非许员外的亲生儿子，因许大郎的父亲已故，许员外看在哥哥的面子上，对这个侄子也很照顾。

谁知，这个许大郎品性不端，德行败坏，不仅不懂得感恩，还一心觊觎叔叔的财产，只盼着叔叔去世后，自己独吞家财。可他万万没想到，自己的如意算盘打得正响时，李白这个赘婿闯了进来，扰乱了他的计划。

古人云：“君子坦荡荡，小人长戚戚。”而许大郎，恰恰是个不折不扣的小人，生怕日后叔叔会将家业交给李白，总是处处针对李白，将李白当成了“眼中钉”“肉中刺”，表面趾高气昂，背地故意破坏。李白呢，胸怀大鹏之志，性格洒脱不羁，目光远大且宽广，格局高尚而宏大，压根儿就不屑于许家的财产，更没将这位大舅哥放在眼里。

不过，许家毕竟是安陆豪门，有尊严、有地位。若内部纷争不断，闹出各种是非，不但家门动荡不安，还会给外人留下话柄，长此以往，不堪设想。因此，李白决定对许大郎“敬而远之”，我惹不起你，总能躲得起吧？没多久，李白就搬到城西北寿山一处别业居住，这里原本是岳祖父许圉师的读书堂，藏书丰富，环境清幽，少了俗世的喧嚣纷扰，反而更能专心学习。

又是处处碰壁

安陆北寿山，虽没有什么名气，但林木葱郁，峰峦秀美，云霞掩映，鸟语花香，别有一番风味。徜徉在山野之中，远望碧空白云，近看溪流鱼戏，呼吸清新空气，感受天地万物，李白仿佛回到了自己的少年时代：他置身于美丽的大匡山，勤学苦读，钻研奇书，跟着老师修道习剑……曾经的美好时光，再也追不回来了，唯有好好珍惜眼前，为实现理想继续努力。

李白在北寿山过上了平静而快乐的生活，每日沉浸于读书、练剑、修道之中。可每当夜深人静时，他仍会觉得心中缺失了最重要的东西——理想！他从未忘记过自己的理想，也没有忘记要不断地为之奋斗。他的人生目标是出将入相，为帝王师，为天下苍生谋求福祉。对于名利和财富，他向来不屑一顾，从未将它们视为追求的目标。富贵于他而言，不过是过眼云烟，他更看重的是精神的富足与自由。

正因为如此，李白纵使居住在北寿山，也会常常出来交际应酬，干谒安陆各级官员，向他们毛遂自荐，希望这群人里能够出现一位伯乐，认出李白这匹世间罕有的千里马。

有一次宴会，安州有权势的人物齐聚一堂，马都督非常赏识李白，也邀请他参加。席间，马都督极力称赞李白，将他推荐给长史李京之："李大人，您看看李白的文章，清新流畅，妙趣横生，令人百读不厌，他真是个不可多得的奇才呀！"李长史连连点头，虽然表面客气，眼中却没有笑意。原来，在此之前，李白的大舅哥许大郎，已经拜见过李长史，不但说了李白很多坏话，还给李长史送了不少礼物。因此，在李长史眼中，李白并非一个才华横溢的后起之秀，反倒是一个麻烦不断的狂妄之徒。

更巧的是，一天夜里，李白与朋友外出饮酒，兴致高昂，吟诗作对，不知不觉喝到半夜，个个酩酊大醉。第二天早上，李白迷迷糊糊醒来，骑着马回家。虽然酒醒，但醉意未消，整个人昏昏沉沉的。恰逢晨雾弥漫，前路一片朦胧，他竟不慎撞上了李长史的车马。

按照规矩，李白本应在发现李长史的车马时早早回避让道。若是犯了规矩，读书人轻则当场赔礼道歉，重则还要负荆请罪以示诚意。其实，这件事也算不上什么大事，李白赔个礼、道个歉，这事分分钟就解决了。可因着许大郎的缘故，李长史对李白本就没有好感，如今难得抓住李白的小辫子，他怎么会轻易放过呢？李长史故意将此事小题大做，硬是指责李白狂妄自大、目无尊长，故意冲撞他。他不仅要求李白当场道歉，还要李白写下认罪书。

以李白的个性，他自然是不肯轻易服输的。但人在屋檐下，不得不低头，更何况他已经有了家室，要顾及岳父的尊严、妻子的面子以及许家的地位，只能强忍着傲气，写下一篇卑躬屈膝的《上安州李长史书》，并负荆请罪，才算了结此事。原本有意举荐李白的马都督，在得知这一连串事件后，对举荐之事便再也没有了下文。

没过多久，李长史居然调走了，这让李白长长舒了一口气。继任的长史姓裴，是位德才兼备、爱才惜才的人。裴长史风评极佳，胸襟开阔，豁达大度，很受百姓爱戴。

开元十七年（729）八月初五，正值玄宗皇帝四十五岁生日，全国各地州县都要举行庆祝活动，安陆也不例外。裴长史在都督府大摆宴席，许家也受到了邀请，李白心中十分激动。宴席上，李白的才华很快受到裴长史的赏识，更在众目睽睽之下展示了精妙绝伦的剑术。他手持长剑，动作迅疾如风，剑光闪烁，每一招每一式都展现得淋漓尽致，英姿勃发，气宇轩昂，赢得了排山倒海般的热烈掌声。

裴长史对李白的才华连连夸赞，并亲自为他斟酒，令他又燃起干谒的希望。宴会后，李白重新整理自己的作品，精心挑选出三篇大赋送到裴长史府中。裴长史读完李白的作品，心中大喜，认定李白是个人才，决定向朝廷荐举他。或许，这是李白干谒过程中离成功最近的一次，但在大舅哥的破坏下，裴长史还是有所顾忌。后来，李白专门写了一篇《上安州裴长史书》，向裴长史表明自己的志向，以及受到谗言污蔑的无奈。可最终，裴长史没有回复李白，反而渐渐远离他，荐举之事也再无下文。

李白在安陆处处碰壁，情绪越来越沮丧，回到北寿山后，常常饮酒买醉。他知道，自己在安陆是没有机会出头了，与其忍气吞声，不如及时行乐。

此时，李白最敬爱的好友孟浩然，要离开襄阳下江南，李白亲自去送别。看着朋友乘坐的船，慢慢消失在天边，李白不禁心潮澎湃，脱口而出一首名篇佳作《黄鹤楼送孟浩然之广陵》:

故人西辞黄鹤楼，烟花三月下扬州。

孤帆远影碧空尽，唯见长江天际流。

在李白的诗中，没有凄苦的断肠离别，也没有依恋的柔情离别，而是一种浑然大气、充满诗情画意的离别。在李白的眼中，所见皆是美好，春意盎然，太平盛世，他希望好友孟浩然一路顺风，此行快乐。

初入长安，开启京漂

李白最为人称道的优点，便是他那份“生活虐我千百遍，我待生活如初恋”的坚韧与乐观。无论眼前的生活多么苟且，李白总能用超强的自愈能力，寻找到诗和远方，让心灵得到慰藉。无论遭遇怎样的困境，他都不会一直自怨自艾，自暴自弃，总能快速恢复信念，想办法走出困境，解决问题。

这不，他在安陆居住三年，干谒处处碰壁，回家后颓丧了一段日子，又渐渐振作起来，准备寻找新的出路。恰在此时，那位在扬州帮助过他的朋友——孟少府，听说李白隐居北寿山，已近三年，竟虚度光阴，碌碌无为，忍不住写了一篇“移文”给他。文中借鄙夷北寿山小而无名，来鞭策李白，提醒他不应该安于现状，应重拾理想，走出山林，继续为自己的抱负而奔走。

李白看完移文（用于平行官署之间的文书）后，也借着北寿山的口吻，写下一篇《代寿山答孟少府移文书》，坚定地表明了自己的志向与抱负，从未因环境的变迁而有所改变。

开元十八年（730）初夏时节，李白决定走出安陆，再次踏上寻找人生理想的征途，向着大唐最辉煌的都城长安进发。

长安是当时世界第一大城市，也是大唐的政治、经济、文化中心。雄壮威严的城门，笔直宽阔的街道，琼楼玉宇，错落有致，街头巷尾，商贩云集，人群熙攘，车水马龙，处处闪耀着盛世繁华，处处彰显着大唐国威。

李白到达长安时，正值盛夏。天高云淡，阳光灿烂，金色的光芒笼罩着整座城池。长安城内繁花似锦，璀璨夺目。入夜后，光影点点，交相辉映，舞榭歌台，笙乐悠悠。驿站里、酒馆中，人来人往，热闹非凡。人们纵情饮酒，歌声阵阵，笑语盈盈，这里简直就是欢乐祥和的海洋。

长安，无疑是全天下文人墨客心中最为向往的圣地，尤其是那些怀揣远大梦想的读书人。他们纷纷涌入长安，义无反顾地成为“京漂”一族。或为了参加科考，一飞冲天，改变命运；或为了建立人脉关系，为日后的发展铺平道路；或为了崭露锋芒，一鸣惊人……他们都在长安这座繁华的都市中，寻找能够改变自己人生命运的宝贵机会。

当然，李白也不例外。他虽初入长安，却是有备而来，并非盲目之举。许家有个亲戚，是李白岳父许员外的侄孙，名许辅乾，在长安任职光禄卿。光禄卿是专门负责给皇帝管理膳食的官员，因其职务之便，可以接触到很多朝廷高官，通过他人举荐贤才的机会自然也会相应增加。

许辅乾看完许员外的书信，心中已然明白一切。他上下打量李白，见李白相貌堂堂，意气风发，倒是给他留下了良好的第一印象。至于李白的才华，许辅乾虽未亲眼见识，但许员外在信中极尽赞美，想必李白确有真才实学，应该值得他牵线搭桥，大力推荐介绍。

于是，许辅乾答应下来，并告诉李白，待他忙完手头的事务，一定会带他去谒见长安的官员。李白自然满心欢喜，感激不尽，只是没想到，这一等就等了一个月。幸好，他没有干等着虚度光阴，而是在长安城内四处游览，遍访太极宫、大明宫、兴庆宫、大雁塔等名胜古迹，开阔眼界，增长见识。

一个月后，许辅乾带着李白，去拜访大唐右丞相张说。张说身居高位，不仅是大唐的丞相，更是一位享有盛誉的大文学家。最重要的是，张说惜才爱才，热心帮助文人学士，乐于向朝廷荐举贤能之士，因此声名远扬，备受学子的敬重。

按照正常发展，以李白自身的才华，加上张说的荐举，他登朝入仕本应是毫无悬念之事。可李白的人生轨迹注定非凡，似乎天将降大任于他，因此仍需让他历经更多的磨砺与考验。很不巧的是，当李白去拜访张说时，老人家正因病在榻中休养。不过，张说吩咐他的二儿子张垍（jì）接待了李白。

张垍出身显赫，不仅相貌出众，更兼谈吐优雅，才气纵横。他年纪轻轻便已官居从三品，还是玄宗皇帝的驸马，其荣光足以令人艳羡不已。“条条大路通罗马，可有人就生在罗马”，李白和张垍的人生轨迹，仿佛正是这句话的现实写照。

李白身着一袭白衣，风度翩翩，满腹才华，迫切渴望推开庙堂的大门。可在贵公子张垍的眼中，即便李白再怎么光鲜亮丽，也不过是一个出身巴蜀的乡野青年，跟他有着天壤之别。这差距，有十万八千里呢！

寂寞终南山

有些事，我们无法选择，也无法改变，比如出身、父母和亲人。但有些事，我们可以通过后天的不懈努力和持续奋斗来争取和改变，比如才华、事业和成就。大唐诗仙李白，诗歌造诣之高超，独步诗坛，举世无双，同样有过出身的困扰，体验过那种无法逃避、别无选择的绝望。

李白初入长安，满怀憧憬与希望，能够进入右丞相府，已深感荣幸。老丞相的二儿子张垍，奉命接待李白，给李白留下了深刻的印象。

张垍出身名门相府，自幼便在京城贵族圈中长大，心底里是瞧不起李白的，碍于父亲的颜面和嘱托，他才对李白客客气气，不失礼节。然而，当他看完李白的诗文作品后，当场大吃一惊，心中不由得紧张起来，他暗自思忖：此人有大才，不可小觑，若让他在长安城继续发展，日后万一被贵人举荐，必定会成为我仕途上的劲敌。张珀一边打量李白，一边在心中盘算：不行！绝不能让他留在这儿，我得想办法让他主动离开长安。

李白自然无法洞悉张珀的复杂心思，他原本以为张珀与其父一样，豁达正直，荐贤爱才。可他万万没想到，张珀竟是一个嫉贤妒能的小人，生怕李白脱颖而出，日后威胁他的地位。

于是，张珀表面上对李白大加夸赞，答应寻找机会，帮忙荐举，然而背地里却打着自己的小算盘。心思单纯的李白，不了解官场虚伪的套路，还庆幸自己终于遇到贵人，带着满腔期待，欢欢喜喜离开了。

按照李白以往的经历，每次干谒之后，总是需要漫长的等待才能得到回复。张垍却与众不同，才短短几天，就主动登门，给李白带来了新消息。他彬彬有礼，目光中透着真诚，微笑道："李兄，当今圣上有个亲妹妹，人称'玉真公主'，不知你是否有所耳闻？"张垍又进一步拉近两人的关系，拍着李白的肩膀说："玉真公主与圣上关系非常好，是圣上最宠爱的妹妹，只要玉真公主肯为你美言几句，不仅荐举之事水到渠成，就连仕途平步青云也指日可待。卿相荐举人才有许多规矩，常常要等待一年半载，若李兄能得到玉真公主赏识，这岂不是一条捷径吗？"李白听完张垍的这番话，不禁有些心动，毕竟他来长安的目的，就是想推开入仕的大门，如今有了这条捷径，怎能不试试呢？

于是，李白听从张垍的建议，收拾行囊，离开长安城，去往玉真公主的别馆——终南山。终南山位于长安城南，距离京师不远，那里山清水秀，环境清幽，非常适合修身养性。临行前，张垍亲自来给李白送行，李白感动得一塌糊涂，甚至将张垍当成了可信任的良师益友。

当李白到达终南山时，已是日暮时分，周围山雾笼罩，一片苍茫，什么都看不清。别馆空旷辽阔，寂静无人，实在是过分清幽了。第二天一早，李白起身出门，见院内杂草丛生，尘土堆积，石阶上长满苔藓。显然，这里已经很久没人居住了，别馆无异于一座荒园。

李白心中纳闷儿，怎么都想不通，既是公主别馆，为什么会如此荒凉？他询问附近一老汉，才得知真相：这座终南山的玉真公主别馆，已经建成好几年了，玉真公主只在前两年因为新鲜来过两次，以后再也没来过。毕竟玉真公主在其他山上也有住处，她自然是随心所欲，想去哪儿就去哪儿了。

李白恍然大悟，却又无可奈何，他但愿老汉说的不是真的。据说，玉真公主的兴趣颇为广泛，不仅喜爱诗词歌舞，对道学修仙也颇有研究。李白既有文学才华又通晓道术奇书，他深信，只要有机会见到玉真公主，他就有足够的信心赢得公主的青睐与赏识。

日子一天天过去，李白独自守着荒园，度日如年。终南山的美景虽在眼前，却无法填补他内心的空虚。好在别馆里还有许多书籍和碑帖，李白便以此为乐，写写看看，借以消磨时光。

生活已经如此艰难，可老天爷还不满意，李白没等来公主，却等来了连日不断的雨。这雨一下就是半个月，时大时小，连绵不绝，李白想走走不了，想见人见不到，只能白天翻书喝酒，看着雨发呆；晚上辗转反侧，听着蟋蟀声左思右想，自问为何命运如此待他，让他如此倒霉？

数日后，当天空终于放晴时，李白才恍然大悟，自己是被张垍那个道貌岸然的家伙戏耍了。可想而知，李白心中该有多么愤

懑气恼，他奋笔疾书，写下《玉真公主别馆苦雨赠卫尉张卿二首》，毫不掩饰地表达了自己的怒火，并在文中明确告诉张垍："现在你这样无情无义地对我，将来有朝一日，我也会用同样的方式'回报'你。"

但说归说，骂归骂，写文写书解决不了实际问题。无奈之下，李白不得不抵押了自己的高档裘皮大衣，换了点儿盘缠，懊丧地从终南山返回长安。只是长路漫漫，前途渺渺，他又将何去何从呢?

行路难，行路难

我们每个人的一生，或多或少，都会遇到需要做出“选择”的十字路口：是向前，还是向后？是往左，还是往右？不管前方的路有多么坎坷，只要我们认定了目标，那就义无反顾，勇往直前，直至终点。

或是上天的安排，处于低谷的李白，竟意外遇到一位经历相似的朋友——陆调。陆调与李白一见如故，相谈甚欢，迅速结下了深厚的友谊。在陆调的鼓励和帮助下，李白去往长安西北的邠州（今陕西彬州），继续干谒。邠州长史李粲热情好客，非常欢迎李白的到来。因为李粲爱讲排场，喜欢大摆宴席，而席间正需要一位才华横溢、出口成章的文人。

自李白住在李长史家，做了“陪酒大使”，日日美酒佳肴，山珍海味，席间吟诗作赋，听歌观舞，生活看似十分惬意。这样的日子要是放在普通人身上，天天躺平享乐，估计会求之不得。可李白是壮志凌霄的大鹏，岂能被困在吃喝玩乐的囚笼中？

于是，李白创作一首《邠歌行》送给李粲，在诗中抒发了自己的远大抱负和未酬之志。谁知，李粲看完这首诗，不但没有同情李白，反而觉得他自命不凡，不识抬举。于是，李粲决定把李白打发走，但又不想让自己“好客”的名声受损，就花了点儿小心思，将李白推荐给坊州司马王嵩。

李白别无选择，只能赶往坊州（今陕西黄陵东南），去拜见这位王司马。坊州在长安正北两百里处，王司马是主管军事的官员，很喜欢文人墨客，也愿意结交才华出众的优秀学士。正因为如此，对于李白的到来，王司马表示了热烈的欢迎，并带着他饮酒赋诗。可李白心中所念的是寻求举荐，并无心思在官员们的宴席中饮酒作乐、写诗助兴。他不愿继续在这样的环境中虚度光阴。

李白在坊州停留之际，已是入冬时节，一场大雪随即而至。王司马邀请李白一起赏雪赋诗，李白想着自己的心愿，有感而发，写诗请求王司马帮忙荐举。他言辞恳切地表达了自己游历邠州、坊州的真实目的，并非单纯为了玩乐，而是希望寻觅知音，由荐举入仕，辅佐明君，干一番轰轰烈烈的大事。他的抱负和志向，在字里行间表露无遗。最终，王司马在举荐之事上也没有帮助到他。

李白又一次失落而归，冒着大雪回到长安。一次次的干谒碰壁，他委曲求全，却毫无收获。他远离家人，千里迢迢跑来京城，这一切究竟有什么意义？他有凌云之志，有满腹才华，偏偏报国无门，寸功未建，内心不禁涌起一丝迷茫，他开始怀疑，还有什么值得期待的呢？

一年一度的上元节如期而至，长安城内灯火通明，恍若白昼。李白在旅馆喝得半醉半醒后，独自走在街头，摇摇晃晃，仰天长叹，心中充满无限的感慨。李白听说玄宗皇帝酷爱斗鸡，若能成为皇帝的御用斗鸡师，便可走捷径，直通人生巅峰。从此，李白开始游走在京城斗鸡场和赛马场，想在全新的社交圈子里结交达官贵人，获得进入皇帝视野的机会，完成曲线救国的大业。

渐渐地，李白结识了一帮斗鸡徒、游侠儿、羽林军。可他不知道，京城套路深，处处要小心。无论斗鸡圈，还是游侠圈，都有自己的规矩，李白硬生生闯进去，反而给自己惹下了麻烦。一次斗鸡时，李白与羽林军校尉发生冲突，遭到群殴，差点儿丧命。

所幸朋友陆调搬来救兵，李白才能死里逃生。

经过这次凶险，李白终于下定决心，离开长安。回想在长安一年的遭遇，李白心中充满愤懑，又困惑不解：在这看似繁华的盛世之下，为什么行路却会如此艰难？玄宗皇帝英明神武，朝廷广开言路，荐举贤才，口号喊得震天响，为何执行那么难？李白不愿再去探究其中的缘由，他感到愤怒与失望。他恨不得手握龙泉剑，斩尽世间一切奸邪，乘风破浪，让国家恢复朗朗晴空。

然而，越是美好的梦想，实现起来越艰难。大鹏累了，倦了，终要回巢；李白气了，恼了，也要归根。离开长安前，他将悲愤化为诗作，写下千古名篇《行路难》，结尾如下：

> 行路难！行路难！多歧路，今安在？
>
> 长风破浪会有时，直挂云帆济沧海。

李白在诗中慨叹：人生漫漫，行路不易，实在太艰难了！这么多的歧途，会将我引向何处呢？再等等吧，当时机到来时，一定能够乘风破浪，高挂云帆，横渡沧海，到达理想的彼岸。

红尘辗转

家是最温暖的地方

“诗仙”这一尊称，是后人对李白的无上赞誉，其中既蕴含了对他的深深敬畏，也流露出对他的无尽仰慕。古往今来，“仙”字所代表的，便是那种潇洒飘逸，超凡绝尘的存在，令人心生无限向往与憧憬。然而，即便是身处大唐盛世之中的李白，每当他陷入命运的旋涡中奋力挣扎时，又何尝不似普通人一样，也曾向往那仙人般的自在逍遥呢？

开元十八年（730），李白初入长安，带着雄心壮志和美好梦想，期望在长安城开辟一片属于自己的天地，如同雄鹰展翅，翱翔于长空，实现宏图伟业。然而，他未能如愿以偿，带着满心的失意与不甘，离开长安，向东而去。他先后来到开封、商丘、洛阳等地，遍访嵩山的胜迹，以此修身养性，提升道业。在游历中，他重新打起精神，准备等待时机，直上青云。

在洛阳的某个夜晚，万籁俱寂，明月高悬。不知何人吹起玉笛，那声音悠扬婉转，时高时低，空灵美妙，随着晚风飘出很远很远……李白听到笛声，内心顿时泛起层层波澜。那笛声仿佛触动了他心中最柔软的角落，令他不由自主思念起故乡的父母和安陆的妻子：年迈的父母，早已满头白发了吧？贤惠的妻子，日日望穿秋水，等待他回家。可他在长安一事无成，有何面目回去呢？怀着对故乡、对亲人的无限思念，李白写下一首《春夜洛城闻笛》。

谁家玉笛暗飞声，散入春风满洛城。

此夜曲中闻折柳，何人不起故园情？

自从离开安陆，转眼已经将近三年。在这漫长的岁月里，李白对妻子的思念之情与日俱增。尤其是在外干谒失败时，他更渴望回到那个温暖的家中，与亲人共叙亲情，享受那份宁静与安详。因此，尽管心中顾虑重重，他还是决定返回安陆，一家团圆。

开元二十年（732）岁末，李白终于回到安陆许家。在外期间，由于李白居无定所，行踪难觅，家里无法与他取得联系，逐渐断了消息。然而，他万万没有想到，这三年间，家中竟发生了很多变故。岳父许员外已经离世，妻子也因身体虚弱，时常卧病在床。最令人气愤的是，大舅哥许大郎竟在服丧期内，公然霸占许家的财产，使得家中纷争不断，鸡犬不宁。

李白再次以“敬而远之”的态度，带着妻子离开许家，迁居到安陆西部的白兆山桃花岩。这里山水相依，景色宜人，绿萝缭绕，芳草遍地，曲径通幽，仿佛是一处世外桃源。他们在房前屋后种上各种蔬菜和果树，摆放了石桌石凳，营造出一个宁静而舒适的家园。闲暇之余，李白沉醉于书香之中，或遥望山中美景，或吟诗作画，或与妻子一同品尝亲手栽种的时蔬小菜，举杯畅饮，尽情享受这份简单而美好的生活。暂时搁置梦想，不问红尘世事，原来也是一种美好。

在桃花岩的生活，李白无忧无虑，自由自在。白日观山戏水，夜晚饮酒赏月，与山林为伴，与虫鸟共栖，望日出日落，看花开花谢，仿佛从此与世隔绝，再无红尘喧嚣的纷扰。

尽管桃花岩的静谧时光让李白得以卸下了满身疲惫，但他的雄心壮志和报国理想却从未消磨。春去秋来，北雁南归，又一年过去了。面对漫漫行途和茫茫前路，李白心中的激情再次被燃烧，他决心重新踏上干谒之路。

此时的李白，已过而立之年。岳父的离世，妻子的病弱，以

及刚刚降生的女儿，都让他深感责任重大。作为一家之主，他无法再逃避现实的压力，必须扛起整个家庭的重担。虽然山中岁月静好，让他得以享受逍遥自在、悠然自得的生活，但现实却不容他继续沉浸在无拘无束的状态中。仅依靠几亩薄田，没有其他收入，还能维持多久呢？继续这样下去，总有一天会坐吃山空。李白暗暗对自己说：“男子汉大丈夫，一屋不扫何以扫天下？我已经三十多岁了，至今一事无成，既是丈夫，又是父亲，若连自己的家人都照顾不了，还谈什么安社稷、济苍生的宏图大志？”

于是，李白重整行囊，准备再次启程，踏上寻找梦想的旅途。或许，连李白自己都已数不清，这是他第几次凭借超凡的自愈能力，鼓励自己振作精神，迈向人生的新征程。

开元二十二年（734），李白听说，荆州大都督府长史韩朝宗，受命兼任山南东道采访使，驻任在襄阳。对于韩朝宗，李白早有耳闻，他出身官宦之家，乐于提拔后进，举荐贤才。当时传诵着这样一句话：“生不愿封万户侯，但愿一识韩荆州。”可谓有口皆碑，天下文人都很敬慕他，渴望投身到他的门下，借此踏上仕途。

李白得知消息后，非常高兴，激动不已。没想到，他等待许久的伯乐终于出现了。更何况，襄阳近在咫尺，无须长途跋涉，这简直就是天赐良机，他怎么能不好好把握呢？此外，他还有另一位重要的“助力”——好友孟浩然。

原来，孟浩然与韩朝宗是旧识。几年前，襄阳人士为韩朝宗的父亲——当时的襄阳太守，修立德政碑，孟浩然也曾参与其中。因此，两人得以相识，虽然他们交情不深，但孟浩然也能和韩朝宗搭上话，可以帮李白做个引荐。

现在看来，万事俱备，只欠东风。

襄阳梦碎，继续买醉

李白这个人，才气纵横，放荡不羁，洒脱豪迈，看似什么都不在乎，其实骨子里却烙刻着永不放弃的坚韧。

他仗剑去国，辞亲远游，经历了无数次干谒失败，承受了无数次降维打击，却从未真正放弃过自己的报国理想。一次次跌倒，一次次爬起，拍拍身上的灰尘，振作疲惫的精神，哪怕远方尽是坎坷路，他也会毫不犹豫地走下去。

开元二十二年（734），李白离开安陆，前往襄阳，开启新的征程——拜谒荆州大都督府长史韩朝宗。不过，他没有贸然直接登门，而是先去找了好友孟浩然。

说起来，李白与孟浩然也已经几年没见了。那首《黄鹤楼送孟浩然之广陵》中描述的情景，仿佛发生在昨日，但时光匆匆，转眼又是几个春秋了。虽许久不见，但两人心灵相通，情谊丝毫未减，重逢之时，两人格外激动，互相倾吐这些年来的种种遭遇。没想到，他们的经历竟是那么惊人的一致，在仕途和理想的追求上，都没有什么收获。

对此，孟浩然只是一笑置之，仿佛早已看淡尘世，不以物喜，不以己悲。反观李白，他侃侃而谈，愤愤不平。在这位最信任的朋友面前，他毫无保留地倾诉了这几年来的苦闷和落魄，仿佛只有倾诉出来，才能得到些许的解脱。

孟浩然笑着劝说李白："不要气馁，你的才华有目共睹，总有一天会出人头地。"李白谢过孟浩然，拿出自己这些年创作的诗文作品给他看。孟浩然连连点头，赞不绝口："好极了！真是别具一格，充满新意！"受到鼓舞的李白，主动向孟浩然透露此次来襄阳的目的——拜谒韩荆州，恳请他向朝廷荐举自己。孟浩然听后，沉思片刻说：“我与他虽不算熟识，但几日后，韩荆州要举办一场宴会，已邀请我参加，你代我出席就是了。”李白非常感谢孟浩然，回去后精心准备，盼望能在即将到来的会面中得到韩伯乐的赏识，从而实现自己的抱负。

宴会当天，宾朋满座，群贤毕至。荆州长史兼山南东道采访使韩朝宗，邀请当地有名望的士绅、官员、文豪，欢聚一堂。众人深感荣幸，互相寒暄问候，欢声笑语不绝于耳。当韩朝宗大人到来时，大家不约而同纷纷跪拜行礼。韩朝宗满意地点点头，简单回礼后，赫然发现人群中走来一个头戴高冠、腰佩长剑的男子。他不是别人，正是李白。

李白毫无怯意地望着韩朝宗，没有像其他人那样跪拜在地，而是举起双手深深一揖。在其他人看来，这样的举动似乎显得有些傲慢无礼。韩朝

宗身为高官长者，看到李白如此举动，虽然他表面不动声色，只是对着李白微微一笑，然而内心深处，却已对李白产生了先入为主的负面印象。

纵观李白的一生，无论遭遇多少起伏波折，经历富贵还是贫困，选择入仕还是隐居，始终遵循一种坚定的人生态度：“出则以平交王侯，遁则以俯视巢许。”意思是，他从不因对方有权有势而卑躬屈膝，始终保持着与王侯平等的交往态度。若选择隐逸的生活，他也会像巢父和许由那样高洁超然。

宴会结束后，李白怀揣着对伯乐的深深敬意与期望，写下一篇文采飞扬的《与韩荆州书》，敬呈给心中的伯乐韩朝宗。韩朝宗看完后，对李白的作品大加赞赏，觉得其确实才华过人，世间罕见。但李白的诗又给人以飞扬跋扈，恃才傲物之感。韩朝宗不禁在心中嘀咕：“这李白自视甚高，行事独断任性，连向官员跪拜的礼仪都以长揖代替，未免显得太过放肆了。若向朝廷荐举他，日后恐怕会惹出乱子，我可没有那样的胆量！”

于是，韩朝宗派人请来孟浩然，将自己的想法说了出来，希望孟浩然帮忙转达其意。孟浩然一直欣赏李白的才华，也深知他胸怀天下的理想。他原本以为这次干谒会顺风顺水，能够为李白的仕途铺平道路，却没想到结果又是一声沉重的叹息。

李白从孟浩然口中得知结果后，情绪十分低落，大感沮丧又无可奈何。他慨叹世道的不公，命运的冷遇，却忽视了最重要的一点：性格。人生的际遇，往往受到很多因素的影响。李白天赋过人，才华横溢，这使得他在俗世中脱颖而出，与众不同。然而他恃才傲物，无拘无束，这又让他自困于俗世的牢笼，被那些条条框框的规矩禁锢了前途。前前后后几次干谒，若李白能够对自己的行为稍加约束，或许就会走上成功之路，实现一生的理想。

可如今，李白只能将满腔的痛苦与失意，化为口中之诗、杯中之酒，继续吟诗宣泄，饮酒买醉。

出去旅行散散心

李白一生自比大鹏，盼望能有一日乘风破浪，扶摇直上九万里。他时刻牢记着老师赵蕤的教诲：“读万卷书，行万里路。遍干诸侯，历抵卿相。”但时光匆匆，十余年来，他四处奔波，屡屡碰壁，始终未能实现心中所愿。

襄阳梦碎之后，李白回到安陆，继续陪伴妻儿。恰在此时，好友元演送来书信，邀请李白出游太原。原来，元演的父亲任职太原府尹，他思念自己的老爹，要回家探亲，想拉着李白做伴儿同游。李白正想出去旅行散散心，就一口答应下来。

开元二十三年（735），李白和元演结伴北上，两人到达太原时，正是游赏的好季节。元演的父亲是一位驻守边塞的老将军，见到儿子和李白，老人家心中无比喜悦，待李白如贵宾。

在太原期间，李白和元演遍访很多名胜古迹，感受边塞的风土人情，有着说不出的豪迈与激动。慢慢地，李白开始喜欢上这里了。当地高官名士聚会时，他总是被邀出席。在酒宴上，他作诗献文，表演剑术，不但赢得了众人的称赞，更成为大家心目中的偶像，备受尊崇与喜爱。

李白回想过往十多年来，自己执着地走上干谒之路，却屡屡碰壁，次次失败，已经逐渐变得心灰意冷。但这一次，当他置身于茫茫塞外，目睹将士们习武演练，那份壮志豪情再次被触动。他甚至萌生了留在太原，投身军营，以另一种方式报效国家的念头。不过，在元演的劝说下，李白还是决定放弃冲动，返回中原，继续求索。

开元二十四年（736）初秋，李白辞别元演父子，踏上了归家之路。途中经过洛阳时，正巧遇到好友元丹丘。两人相见甚欢，饮酒作诗，好不痛快！分别后的次日，李白又收到了元丹丘的书信，信中邀他再次相聚。原来，南阳有位出身名门的贵公子岑勋，他不仅才学出众，更是李白的忠实粉丝，一直渴望能与李白见面交流。

李白对岑勋的才情也早有耳闻，得知岑勋如此欣赏自己，心中既感激又兴奋，当即折返，按时赴约。或许，相似的灵魂总会彼此吸引，李白与岑勋一见如故，完全没有初次见面的陌生感，反而有种惺惺相惜的亲切感。人生中能够遇到志趣相投的朋友，无疑是最大的幸事。李白为此兴奋不已，与元丹丘、岑勋两位好友一同登山临水，共赏洛阳的大好风光。

夜晚，月亮高悬，洒下清冷而皎洁的光华。李白、岑勋、元

丹丘三人坐在院子里，开怀痛饮，谈诗论赋。渐渐地，夜色越来越深，月亮也越升越高，三个人已经喝得酩酊大醉。就在这时，李白突然诗兴大发，他高举酒杯，仰望苍穹，一股豪情涌上心头，豪言壮语脱口而出。

君不见，黄河之水天上来，奔流到海不复回！

君不见，高堂明镜悲白发，朝如青丝暮成雪！

这气势，恢宏磅礴，豪情万丈，令人心绪激荡，又回味无穷。

人生得意须尽欢，莫使金樽空对月。

天生我材必有用，千金散尽还复来。

这胸怀，宽广豁达，豪迈不羁，世间能有几人可如此无拘无束？

岑夫子，丹丘生，将进酒，杯莫停。

与君歌一曲，请君为我侧耳听。

此话一出，岑勋和元丹丘不约而同地笑了，期待李白接下来的妙语连珠。这时的李白，早已醉眼朦胧，身体趔趄，但依然才思如泉涌，激情澎湃，一首流传千古的《将进酒》便由此诞生。

李白这位身怀绝世之才的诗人，情感丰富，性情洒脱。他看似啼笑无常，疯疯癫癫，但每个举止都是他真情实感的流露。他的前半生，充满酸甜苦辣，这些五味杂陈的体验，使得他的情感世界更加丰富多彩。

李白与岑勋、元丹丘分别后，回到白兆山桃花岩陪伴妻女，过着看似平静的隐居生活。可他的内心，始终波澜起伏，矛盾交织。他对过去的生活有着不舍，对未实现的抱负有着不甘，更有着对理想的坚守和执着。尽管身处山林，但他的心却从未真正平静过。

开元二十六年（738）春，李白的儿子出生了，全家上下充满喜悦。李白更是喜不自胜，他抱着儿子，笑声爽朗，脸上洋溢着满满的幸福。然而，他也深刻地意识到，自己要承担的家庭责任更重了。如今，李白已年近不惑，家中儿女幼小，妻子柔弱，难道他真的要这样一事无成了却此生吗？不，不可以！纵然抛开个人理想，哪怕为了家人，他也必须振作起来，去追寻属于他的那片广阔天地。

于是，李白下定决心，出游江淮，誓要游遍大唐帝国的心腹地带，找出一条属于自己的通天大道。这一次，他沿着京杭大运河，往江南而去，重游扬州，重返金陵，一路干谒，却也一路失意。慢慢地，随着希望破灭的次数越来越多，他学会了泰然处之，将这些失意视作人生常态，以平常心面对。

江南美景依旧，荆州故人如常，而李白怀才不遇的困境，却没有丝毫改变。开元二十七年（739）深秋，李白在返回安陆的途中，途经洞庭湖畔的巴陵郡时，遇到了另一位大诗人——王昌龄。

搬家东鲁转转运

在我国唐宋时期，很多有才华、有名气的文人墨客，几乎都有过入仕为官的经历。正所谓“学而优则仕”，他们既满腹经纶，学有所成，又心怀天下，期望报效国家，何尝不是两全其美的好事?

李白自幼聪颖，少年苦读，才华冠绝古今，希望干谒入仕，成就一番不朽功勋。可次次碰壁，报国无门，年近不惑，仍在四处奔波。王昌龄比李白年长十来岁，两人虽初次见面，却如故人重逢，彼此间谈笑风生，畅所欲言，那份喜悦与默契令人赞叹。

王昌龄少年贫困，博学多识，也是大唐才子之一。年轻时，王昌龄通过科考入仕，本来前途一片光明，没想到多年来，却一直官居下位，几乎无所作为。李林甫当上宰相后，一人独揽大权，朝政昏暗。王昌龄心忧天下，关心百姓疾苦，后因事获罪被贬谪岭南。

听完王昌龄的遭遇，李白深深为他抱不平。而李白自己，同样满腹牢骚，干谒十余年，看尽世间冷暖，至今依然毫无成果。不同的是，王昌龄亲身经历过庙堂之上的尔虞我诈、虚假客套，对未来充满惆怅；李白心中却仍涌动着一团为国为民的热火，想继续寻找机会建功立业，成就梦想。李白觉得王昌龄过分悲观，王昌龄明白李白的豪情壮志，但也深知现实的残酷，写下一首《巴陵送李十二》，留给李白慢慢体会。

开元二十七年（739）岁末，李白返回安陆家中。没想到，

许夫人因操劳过度，身体虚弱，已经生病很多天了；两个孩子也是面黄肌瘦，营养不良。李白看着妻儿，心中愧疚难耐，暗暗叹息：自己长期漂泊在外，不能报效国家，还连累妻儿跟着受苦受罪，实在太不争气了。李白一边自责，一边细心照顾家人，但许夫人已病入膏肓，回天乏术，半年后撒手人寰。

许夫人的离世，给李白带来了前所未有的打击，他肝肠寸断，悲痛欲绝。相伴十年，李白功业无成，而许夫人含辛茹苦，从未埋怨过他，反而给予他莫大的理解和包容。李白深感愧对许夫人，后悔没有好好照顾她、陪伴她，没有让她过上好的生活。可“逝者已矣，生者如斯”，他明白不能一直沉浸在悲痛之中，生活还要继续。

处理完许夫人的后事，安陆对于李白来说已经没有了留恋。他经过深思熟虑，决定带着儿女，搬家去东鲁（今山东）。据说，李白当时移居东鲁，有多方面的原因：首先，他有几个远房亲戚在东鲁当官，虽然官职不高，和他的关系也并不特别亲近，但至少能给他在异乡带来一些依靠。其次，李白得知金吾卫大将军裴旻（mín）正闲居在东鲁。他想跟着裴将军学习剑术，继续深造，期望日后能以武艺博取功名，实现报国之志。

开元二十八年（740），李白收拾行装，带着两个孩子，前往东鲁。这一年，大唐王朝已处于开元盛世的末期，昔日的辉煌开始逐渐褪色。此时，李林甫任职宰相，他独断专行，残暴腐败，任人唯亲，堵塞言路，使得朝廷内乌烟瘴气，人心惶惶。而那位曾经勤政爱民的玄宗皇帝，随着年纪的增长，也变得越发荒唐。他竟将儿媳妇杨玉环封为贵妃，终日沉溺在温柔乡里，对李林甫、杨国忠等人的肆意妄为视而不见。

就在同一年，李白也遇到了一件伤心事：他的好朋友孟浩然离世了。这一消息传来，李白心中悲恸不已，无法用语言形容他的失落和难过。孟浩然是他的莫逆之交，这份友谊对于李白来说无比珍贵，如今却天人永隔，让他深感世事无常，人生苦短。

然而，时间永远不会让你停下脚步，无论多少痛苦，皆会随风而逝。当李白到达东鲁后，深知新的生活即将开始。他来不及安顿下来，便立刻去拜访裴旻裴将军，并且目睹了裴将军的高超剑术。其间，李白多次提及，希望裴将军能传授他剑术，但裴将军却似乎充耳不闻。李白心中纳闷儿，以为裴将军看不起他，后来才明白真相：裴将军智勇过人，屡立战功，却遭人妒忌，有志难伸，最终只能解甲归田。纵使剑术高超，却无法上阵杀敌，只落得供人观赏，还有什么意义呢？正因为如此，裴将军才不愿再收徒授艺，所以也就没有回应李白。

李白在亲戚的帮助下，置办了一处小院，又在南陵建了农

舍，种田垦地，过上了平静的生活。空闲时，他会游走鲁地，感受儒家文化的学术气息。虽然李白崇尚道教，但对孔子、孟子以及真正济世救国的大儒们，还是很尊敬的。除此之外，李白漫游东鲁，最主要的目的，仍是干谒入仕。

尽管生活清苦，困难重重，但李白从未停止干谒的步伐。只可惜，鲁地的官员对他并没给予足够的重视，要么敷衍了事，要么虚与委蛇，要么干脆不理会。幸好，李白的诗作经过岁月的沉淀，越来越有韵味，越来越有光彩，令人们争相传诵，交口称赞，他也因此成为东鲁的名人。

随着名气越来越大，李白在东鲁结交的朋友也越来越多。其中，有几位在山林隐居的朋友，令李白十分倾慕。难道这一次，李白要开始隐居生活了吗？

皇命等到啦

在李白的一生中，入仕和修道既是两大理想，又是两大矛盾。当他集中精力寻求仕途上的发展时，修道便暂时退居次要之位；当他看尽官场腐败、心灰意冷时，修道又会被提上日程，化为动力与追求。这两者，如鱼与熊掌，本就不可兼得：若专注仕途，便无精力修道；若潜心修道，便要放弃对入仕的追逐。

说起来，李白何尝不是在这两者之间纠结煎熬呢？他志存高远，一心想为帝王师，却屡屡碰壁，失落而归。面对仕途的坎坷和挫折，他不得不退而求其次，考虑隐居山林，修道登仙，这似乎成为他寻求心灵慰藉的另一种选择。

在东鲁游历期间，机缘巧合之下，李白结识了五位名士：孔巢父、韩准、裴政、张叔明、陶沔（miǎn）。他们学识渊博，谈吐高雅，纵酒酣歌，吟诗作赋，自由随性，放荡不羁。他们六人志趣相投，隐居避世于徂徕（cú lái）山，被后人称为“竹溪六逸”。

李白很喜欢这种自由自在的生活。竹林掩映下，芳草环绕，溪水淙淙，鸟语花香，他感叹即便是神仙居住之地，也不过如此吧。李白与友人们高谈阔论，畅所欲言，常常醉卧青石，忘却所有烦恼。

然而，越是悠闲快活的日子，距离心中的梦想越是遥远。李白不愿舍弃报国之志，仍在坚守内心的那份执着。或许，再坚持一次，梦想就会变成现实。时光荏苒中，大唐王朝迎来了新的纪元，命运的天平也开始向李白倾斜，为他推开了那扇期盼已久的入仕之门。

开元二十九年（741）春，道教圣地终南山热闹非凡，锣鼓喧天，香火鼎盛，正在举行迎接老子真容的盛大仪式。玄宗皇帝下旨，诏令各地道门宗师入京，随玉真公主出行。因此，这一年秋冬时，李白的挚友元丹丘也接到了入京的诏令，即将启程前往长安。

李白听闻消息后，自东鲁匆匆赶到元丹丘的居所。此行既是向元丹丘道喜，又是为了送别，同时，李白还怀揣着一份沉甸甸的托付与请求。李白题诗一首，送给元丹丘，诗中虽未直接言明请求引荐之意，但字里行间皆透露出对元丹丘的无限期望。元丹丘一看便知，向李白保证道：“贤弟放心，你的志向与抱负，我我深知且理解。这次进京，我随侍在玉真公主身边，只要有机会，一定请她荐举贤弟。贤弟不必着急，回东鲁静候佳音吧！”李白拱手行礼，情真意切：“多谢兄长，万事拜托了。”

辞别元丹丘后，李白回到东鲁家中。虽然生活平静如水，但他却感觉度日如年。心中那份对未来的期待让他寝食难安，患得

患失。元丹丘自接到诏令入京，到随玉真公主出行，需要几个月的时间，引荐的事短期内不会有结果。但李白日日盼望，心中焦虑，情绪也跟着起起伏伏，他时而兴高采烈，时而垂头丧气，时而六神无主，时而若有所思。整个人仿佛陷入一种疯癫状态，让周围人感到莫名其妙，不可捉摸。

就这样，冬去春来，大唐王朝迈向了新的历史时期。第二年（742）正月初一，玄宗皇帝接受群臣朝贺，改年号为“天宝”，这一消息令举国欢腾，普天同庆。而李白在焦急地等待中，一直挨到天宝元年（742）的四月。这种漫长无助的等待，实在太熬人了，李白心绪不宁，烦躁不安，只好离开家去游览泰山，以纾解百感交集的情绪。

泰山，作为五岳之首，历来便为各朝各代君王所敬仰与尊崇。李白登临泰山，见松林密布，云雾缭绕，琼台楼阁，绿水青山，感叹好一幅雄伟壮观的多彩画卷！李白沉醉于眼前的美景之中，举目远眺，俯瞰四方，心胸顿觉开阔。他感受到一股清新的山风拂过，吹走了所有的烦恼与忧愁。

再说挚友元丹丘，果然不负李白所托，向玉真公主推荐了李白，还极力称赞他：才华横溢，剑术高超，文武双全，且志向高远，心怀天下，这不正是朝廷最需要的栋梁之材吗？但口说无凭，玉真公主未必相信，好在元丹丘早有准备，拿出李白多年前写下的《玉真仙人词》，呈献给公主。玉真公主看完后，高兴得合不拢嘴，连连赞叹，很快就向玄宗皇帝力荐了李白。因此，在天宝元年（742）八月，四十二岁的李白接到了朝廷的诏书，召他入京觐见。

得知消息后，李白别提多高兴了！他立刻飞奔到南陵田舍，去看望两个孩子。接着，他吩咐家人杀鸡煮菜，准备一场丰盛的庆祝宴席。他酣畅淋漓地大口喝酒，一会儿唱歌，一会儿跳舞，一会儿习剑，仰天大笑，近乎疯狂。

这么多年的坚持，终于有了结果；这么多年的梦想，终于变成现实，李白怎么能不激动？怎么能不疯狂？趁着酒兴，乘着喜悦，怀着无法平静的心情，李白写下一首《南陵别儿童入京》：

白酒新熟山中归，黄鸡啄黍秋正肥。

呼童烹鸡酌白酒，儿女嬉笑牵人衣。

高歌取醉欲自慰，起舞落日争光辉。

游说万乘苦不早，著鞭跨马涉远道。

会稽愚妇轻买臣，余亦辞家西入秦。

仰天大笑出门去，我辈岂是蓬蒿人！

李白的诗，依然豪情万丈，豁达洒脱。他始终坚信，心中的热情和满腔的才华定能被君王所赏识，“安济天下”的理想也必将在这盛世中得以实现。

翰林待诏

再入长安，圆梦

红尘岁月，行途万里，世间百态，千种人生：或如汹涌澎湃的大海，或如起伏不定的江潮，或如风平浪静的湖泊，或如不流不动的死水……每一种选择，都有其存在的意义；每一种人生，都有其独特的色彩。毕竟，谁也无法预测命运，谁也无法掌控未来，生活往往就是瞬息万变，随遇而安。

曾经饱受冷遇，尝尽人间冷暖的大唐“诗仙”李白，终于在四十二岁这一年推开了梦想的大门，迎来了人生的新阶段。天宝元年（742）八月，李白接到朝廷诏书后，怀着喜悦而激动的心情，即刻启程，前往长安。

唐朝时期，从东鲁到西秦两千多里路，通常要耗时一个月左右。正所谓“春风得意马蹄疾”，李白日夜兼程，快马加鞭，仅用十多天就赶到了长安。

再入长安，故地重游，李白情绪翻涌，百感交集。

回想多年前，他不过三十岁，正值意气风发，胸怀壮志，心怀美好的理想和殷切的期待初入长安。他诚心干谒，四处奔波，不辞辛苦，期盼能够施展才华，实现抱负。然而，真诚未必能够换来尊重，才华也未必能够赢得赏识，唯有无尽的冷遇才是常态。那时的李白，曾心灰意冷，醉酒街头，甚至差点儿丢了性命，亦曾如丧家之犬般落魄潦倒。每每回想，都让他感到不堪回首。

十二年的时光，转瞬而逝。已经四十二岁的李白，再次来到长安，这里繁华依旧，车水马龙，既陌生又熟悉，改变的只有他自己。昔日，他干谒无门，处处碰壁；今日，他奉召入京，备受赞誉。有时候，命运就是这么神奇多变，难以捉摸，纵是才高八斗的大唐诗仙，亦在命运的旋涡中一次次打转，逃不开，也躲不掉。

李白到达长安后，拿着朝廷的诏书，住进了专门接待四方宾客的招贤馆。他虽然日夜盼望面见皇帝，但皇帝是谁？大唐王朝一把手！唐王朝大BOSS！整个天下的管理者！如此高高在上的人，可不是说见就能见的，李白在长安城又等了些时日，才得以被召见。

这一次，李白终于扬眉吐气，享受到了前所未有的朝廷礼遇：皇帝本人亲自召见他，并让他在文武百官面前，于大唐王朝最高规格的接待殿堂——大明宫金銮殿被召见。身处在这座巍峨庄严的宫殿里，李白能亲身感受到它的雄伟壮丽和非凡气势。

李白被一路带入金銮殿，脚下是铺展的大红地毯，两侧肃立的是朝廷官员。在正前方的宝座上，玄宗皇帝端坐着，身着华丽的帝王服饰，显得庄重而威严。此时的玄宗，已年过半百，虽不再有年轻时的英武，却仍充满帝王之威。李白心中敬畏，不敢直视皇帝，迅速低下头，拜伏在地。他还没来得及开口，玄宗已命他“平身”，并亲自走下宝座，迎接这位大诗人。这一幕让李白受宠若惊，其他大臣更是目瞪口呆，纷纷将异样的目光投向李白。要知道，玄宗给予李白的这份礼遇，是很多朝廷重臣一辈子也未必享有的荣光呀！而李白一介布衣，初次面圣，竟站在如此高的起点，怎能不让人羡慕嫉妒恨？谁知，这波幸福还在蔓延，下一波幸福便已降临——玄宗又亲口吩咐“赐座”。天啊！纵观整个大唐，除了李白，估计只有杨贵妃才能得到这种“超受宠”的待遇。

不得不说，李白这次入长安、觐见皇帝，可谓是风光无限，身价暴涨。几乎在场每一位官员都在瞬间明白过来，李白已成为皇帝眼前的“新宠”，其未来必定一片光明，前途无量。

尽管李白自己也感到有些恍若梦中，但他没空顾及周围人的反应，他最大的希望是向玄宗皇帝表达济世之愿，陈述报国之志。正想着如何开口时，玄宗反而不紧不慢地问道：“卿是布衣，名为朕知，非素蓄道义，何以及此？朕三十年来，广开贤路，亲选群才。大者为栋梁，小者为柱石。山林野遗，靡不毕至。李卿既有扬、马之才，何其来迟？”

听完玄宗的话，李白在心中犹豫了一会儿，若以其狂傲不羁的个性，真想脱口而出大实话：“我会来迟，还不是因为干谒无门吗？虽然朝廷广开贤路，可我兜兜转转十多年，次次都被挡在门外，没有一条通往朝廷的通途，才会蹉跎至今。”幸好今日李白没有喝酒，可收敛脾气，保持清醒，最终谦逊地回答：“只因小臣久居僻壤，耳目闭塞，又兼疏懒成性，不堪识拔。自弃圣朝，久负明时。”玄宗倒是很满意，面带微笑望着李白，点了点头：“自是以后，卿可供奉翰林，随时待诏。竭尔麒麟之笔，为朕佐佑王化，润色鸿业。使后世之人不独知汉武帝有司马相如，亦知朕有李太白。”

李白的喜悦之情溢于言表，几乎要飞上天际。他自幼便认为“作赋凌相如”，且一直以司马相如为榜样，希望有朝一日自己也能治国安邦，建功立业。如今，玄宗皇帝果然将他当成司马相如般的股肱之臣，他怎能不感恩？怎能不激动？这一次，李白要在长安实现梦想，乘风破浪，直挂云帆济沧海！

好一个谪仙人

世间每一个人，都从呱呱坠地开始，踏入属于自己的人生。虽然都是孤零零地来，但谁都无法孤零零地活着，总会遇到并结交一些朋友，或至亲好友，或良师益友……有喜有忧，有悲有欢，有哭有笑，有分有合，皆会令我们的人生更加丰富多彩，跌宕起伏。

李白才华横溢，性格洒脱，豪迈张扬，不拘小节，身边围绕着各种各样的朋友。例如，已经去世的孟浩然，不仅是李白的莫逆之交，更是他心中敬仰的偶像；潜心修道的元丹丘，与李白相知相交一辈子，他们之间的友情看似淡泊如水，实则深厚如海，亲如兄弟。

常言道：“物以类聚，人以群分。”很多性情相近的人，往往会不约而同地聚拢在一起。当李白第二次来到长安时，他不但收获了皇帝的“恩宠”，更难得的是，他幸运地结识了一位忘年之交——贺知章。

谈起李白与贺知章的相识，要先回到李白等待皇帝召见的那段日子。无论对谁而言，等待都是一件令人煎熬的事情，更不用说“天生爱热闹”的李白了。为了缓解这种焦灼的心情，李白决定重游长安城，到处走走逛逛，一边回忆曾经的过往，一边品味如今的改变。他来到一直向往的道教名胜紫极宫，见其气势恢宏，更胜从前，朝拜者众多，人来人往，香火极旺。

李白虔心瞻仰，内外游览完毕，正准备离开时，与一位拄着竹杖的老人不期而遇。老人鹤发童颜，长须如雪，精神抖擞，笑意盈盈，恰似老寿星下凡，令李白心中一动，不禁多看几眼。老人似乎并不介意，同样也抬头打量着李白，两人目光交汇，相视而笑。随后，两人便互相自我介绍了一番。原来，老人竟是文坛前辈、朝廷重臣贺知章！

此时，贺知章已经年逾八旬，仍精神矍铄，有着自由奔放的年轻心态。他曾是被武则天钦点的状元郎，大唐当之无愧的才子之一，足见其学识渊博，才气纵横。如今，贺知章在朝廷任职太子宾客、银青光禄大夫兼正授秘书监，因而人们亲切地称他为“贺监”。

贺知章与李白，相差四十余岁，但两人相逢却如久别重逢，一见如故。李白久闻贺知章大名，心中激动万分，随即下拜行礼：“久仰先生大名，今日终于得以一见，实乃幸事。”贺知章忙扶起李白，哈哈大笑：“老夫也听说过你的名字，李太白！才思敏捷，佳作频出，这次可是奉诏来京面圣的？”李白拱手回答：“正是。您是我的榜样，我希望像您一样，为国效力。小时候，我就读过您老的诗，至今还记得呢。您写的《咏柳》《回乡偶书》，广为人知，大家交口称赞，后世必会代代传诵。”贺知章呵呵笑道：“你有没有诗作带在身上？”李白闻言，立刻奉上自己的作品《蜀道难》。贺知章接过诗卷，才只一看开篇，就被李白的诗情才华深深地震撼了。

噫（yī）吁（xū）嚱（xī），危乎高哉！

蜀道之难，难于上青天！

这首诗开篇便气势磅礴，先声夺人，令人不禁想要一口气读完。仿佛自己正置身于那险峻的蜀道之上，感受着那无尽的挑战与壮丽的景色。

剑阁峥嵘而崔嵬，一夫当关，万夫莫开。

所守或匪亲，化为狼与豺。

“一夫当关，万夫莫开”，这短短八个字既描绘了蜀道的艰险高危，又突出其在战略上的重要地位。蜀道空旷而寂寥，尽显苍凉之美，它作为一道天然的要塞，易守难攻，每每提及都令人心潮澎湃，惊心动魄。

贺知章读完后，对李白连连称赞：“果然名不虚传！此诗可惊风雨，泣鬼神！难不成，你真的是天上的太白金星下凡吗？”李白笑着回答：“您老何尝不是呢？刚刚见到您，我还以为是天上的老寿星降临到人间了呢。”说完，两人又心有灵犀地大笑起来。

后来，李白在《对酒忆贺监二首》诗序中写道：“太子宾客贺公，于长安紫极宫一见余，呼余为‘谪仙人’。”

李白与贺知章在长安紫极宫相识，两人性情相投，都拥有豁达洒脱的性格，且都酷爱饮酒。他们便相约去附近一家酒馆喝酒，准备开怀畅饮，继续谈天说地。两人聊得开心，喝得尽兴，可结账买单时才发现，谁的身上都没带钱。这可怎么办？哪怕是朝廷三品高官贺监，也不能随便吃“霸王餐”呀！于是，贺知章毫不犹豫地解下自己腰间佩戴的小金龟，递给了店家。从此，“金龟换酒”的故事流传下来，成为一段后世美谈。

李白与贺知章结交后，在贺知章的引荐下，李白陆续结识了几位志同道合的人。尽管他们的身份、地位、职业各不相同，但皆爱饮酒，清高狂傲，愤世嫉俗，被誉为“酒中八仙”。

“人生得意须尽欢，莫使金樽空对月。”李白也将用诗酒的魅力，在大唐长安谱写一首首更加壮丽的诗篇。

阳光灿烂的日子

李白心怀天下，斗志昂扬，盼望能够大展宏图，如大鹏般翱翔于九天之上。在他四十二岁这年，他得以入京面圣，获得皇帝的青睐，被任命为“翰林待诏”。从此，他搬入大明宫翰林院，成为一个“上班族”。

“翰林待诏”这个职位虽然在名头上显得很高级、很大气，并给人以学识渊博的印象，但实际上，这个职位根本没有实权，更没有参与国家大事的资格。说白了，也就是在皇帝需要时，给皇帝写写歌功颂德的诗词，哄皇帝开心罢了。

李白初入翰林院，发现这里的工作人员，形形色色，鱼龙混杂，并非他想象中那样，令他感觉莫名其妙。在翰林院中，除了学者、画家、书法家、音乐家、雕塑家，还有不少江湖术士、风水师、占星师、算命先生等，实在是良莠不齐，五花八门。李白听到他们鬼话连篇，甚为不屑，却又因同在一个屋檐下，不得不周旋应酬。该怎么说呢？简而言之，李白是从心底里看不上翰林院那帮“奇人异士”。

李白日日温习古典经史，研读贤相名臣的事迹。他从未忘记自己的理想，期待有一天，能够在玄宗皇帝面前，直抒“安社稷、济苍生”的治国之志，成为皇帝器重的股肱之臣，创下为国为民的不朽功业，而后功成身退，青史留名。

然而，理想很丰满，现实却很骨感。玄宗皇帝只把李白当作写诗的工具人。他期待李白在适当的场合，能够创作出优美的诗篇，为宫廷增添雅趣，让皇帝和身边的人高兴就够了，压根儿没想过让他参与到国家大事中来。

不管怎样，李白在翰林院工作稳定，生活滋润，吃得好、睡

得好，他的衣食住行有专人照顾，这境遇也算颇为优越了。天宝元年（742）初冬，李白奉命陪同玄宗皇帝去往骊山温泉宫。李白喜出望外，欢呼雀跃，终于能够离开翰林院，与皇帝近距离相处。如此一来，他也能有机会向皇帝奏述心中的治国理想了。

骊山位于长安东部，林木繁茂，郁郁葱葱，环境清幽而别致。这里冬暖夏凉，四季景色如春，宛若一个超凡出尘的仙境。李白与其他随从官员一同在行宫住下，目光所至，极尽奢华，山珍海味，顿顿相伴，夜夜笙歌，纸醉金迷，仿佛置身于与世隔绝的另一个世界。第二天，皇帝传旨赐浴，又赐宴，再赐游山。日日陪在皇帝身边，李白深感荣幸，更激发了他展示自己政治抱负的决心。

可没想到，十天半个月过去了，玄宗皇帝只是沉醉在温柔乡中，根本不过问国家大事。李白有些坐不住了，向侍从官询问皇帝何时上朝。小太监听得一脸懵，悄悄告诉他，皇帝和贵妃是来骊山温泉度假的，不上朝、不听政，至于京城的政务，早交给李林甫和高力士负责了。李白这才明白，自己竟“真心错付”，心中不禁涌起一声叹息。恰好，此时皇帝让他写一首驾幸温泉宫的诗。李白才思泉涌，一气呵成，得到皇帝大大的赞赏，并被赐宫锦袍一件。李白非常高兴，也非常感激，在皇帝的恩宠下，度过了一生中最得意的一个冬天。

天宝二年（743）暮春，兴庆宫的牡丹花竞相开放，一团团、一簇簇，五颜六色，明媚动人。玄宗皇帝陪着贵妃，一同饮酒赏花，兴致高昂，还有唐朝著名歌唱家李龟年唱歌助兴。这时，玄宗突然开口道："对妃子，赏名花，何用旧词为？"于是，李白奉诏作诗。他望着雍容华贵、美若牡丹的贵妃娘娘，当着众人的面，提笔写下著名的《清平调词》三首：

其一

云想衣裳花想容，春风拂槛露华浓。

若非群玉山头见，会向瑶台月下逢。

其二

一枝红艳露凝香，云雨巫山枉断肠。

借问汉宫谁得似，可怜飞燕倚新妆。

其三

名花倾国两相欢，长得君王带笑看。

解释春风无限恨，沉香亭北倚阑干。

这三首诗，构思巧妙，借花喻人，既夸赞了杨贵妃的美艳绝伦，又表达了玄宗皇帝与贵妃的深厚感情，简直就是神来之笔，令人啧啧称奇。难怪李白写完后，皇帝与贵妃都露出了满意的笑容，对他大加赞赏。

后来，玄宗又把李白从翰林院调入兴庆宫，以便李白能够随时应诏赋诗。贵妃娘娘也很惦记李白，担心他在深宫感到寂寞，特赐给他一只鹦鹉。李白的衣食住行，自然也比以前更胜一筹。他每天品尝着美酒佳肴，有穿不完的绫罗绸缎，出入有车马接送。更重要的是，他还能守在皇帝身边，享受无上的恩宠。

圣眷如此隆重，李白不禁有些受宠若惊，仿佛做梦一般。但他确确实实火了，迅速成为长安城中的“大红人”，一时之间门庭若市，恭贺之声不绝于耳。无论文武官员，还是王公贵胄，纷纷前来请他去府中做客，共赏歌舞。门前宾客络绎不绝，他们卑躬屈膝，小心翼翼地对待李白，生怕他不赏脸。而其中，很多权贵曾在多年前对李白嗤之以鼻，不屑一顾。当然，李白自己心知肚明，这些人并非真正的朋友，不过是见风使舵的“墙头草”罢了。但至少，如今李白扬眉吐气，迎来了阳光灿烂的日子，谁也不敢再小瞧他了。

长安工作不容易

李白，这位伟大的诗人，虽执着于理想，一生愿为帝王师，希望建功立业，为国为民贡献自己的力量。但是，在他的内心深处，却仍然保留着一份孩子般的纯真与浪漫主义色彩。或许正因为这样，当李白在长安城红得发紫时，他自己竟然感到厌烦了。

李白原本以为，能够日日陪伴在皇帝身边，总有一天自己能够参政议政，实现心中的抱负与理想。可谁知，他竟近距离目睹了盛世大唐的逐渐衰落。皇帝和朝臣们终日宴游享乐，无视百姓疾苦，无视内忧外患。那位曾经英明神武的玄宗皇帝已不复存在，如今他只愿沉溺于温柔乡中，陶醉于被奉承、被夸赞的虚幻之中。上行下效，整个朝廷的腐败气息越发浓厚。

李白终于领悟到，纵使身在长安，与皇帝近在咫尺，他也还是没有机会实现自己的理想。于是，他选择释放自我，摆脱那些条条框框的规矩，与那些心灵相通的朋友共聚一堂，饮酒作乐，一边麻醉自己一边发泄悲愤。这些人，正是包括贺知章在内的“酒中八仙”。

李白本是爱酒之人，又因理想与现实渐行渐远，心中积压了诸多不快，便常常约上几个好友，一同畅饮，借酒消愁。往往酒醉之后，各自吐露真言，才发现“家家有本难念的经”，每个人都不容易。贺知章年纪最大，久经官场，感受最深。老人家大发牢骚，愤愤不平地告诉李白：“现在的皇上，好神仙、慕长生、喜游乐、厌忠谏，外信奸臣李林甫，内靠宦官高力士，不理朝政，只顾享乐，照这样下去，恐怕大唐江山难以长久了。”

贺知章的一番话，如千斤巨石般压在李白的心口，让他喘不过气来。其实，他每天在宫中，耳闻目睹朝廷的种种弊端，又怎会不知其中的真相？只是那些事，他不能说，也不敢说，更或许是不想说，唯有借酒浇愁，试图在醉意中暂时忘却这些沉重的思绪。

李白在翰林院得过且过，每天下班后，不再等候皇帝诏令，而是和朋友们去长安城中最大的酒楼，吟诗作赋，开怀畅饮。有时候，宫中内侍匆匆而至，传达皇帝的旨意。而此时的李白，已是醉眼朦胧，他跷着二郎腿，高声道：“李白斗酒诗百篇，长安市上酒家眠。天子呼来不上船，小臣本是酒中仙。”

由于李白经常醉酒，举止不拘小节，又狂傲自负，不擅长官场的阿谀奉承之道，这使得他在很多朝廷官员的眼中显得那么另类，不讨人喜欢。尽管如此，因为有皇帝的庇护和恩宠，所以没人敢当面诋毁李白。但在背地里，那些妒忌他的人早将他视为“眼中钉”，迫不及待地想要找机会将他排挤出去。

天宝二年（743）冬，李白终于等来一次参与国家大事的机会。当时，李白已喝得半醉，被皇帝紧急宣召入宫，他原本以为，这又将是一次应制之作，无非是写些风花雪月、歌功颂德的诗词，以助皇帝和贵妃消遣娱乐。可出乎意料的是，皇帝竟命他撰写一篇振奋人心的《出师诏》，旨在鼓舞士气，号召将士们西征吐蕃，保卫疆土。

这下李白的酒全醒了，灵感爆发，才思泉涌，抬腿就坐上御榻，准备奋笔疾书。可他突然发现，自己的靴子还没脱，又怕弄脏刚洗净的双手，玷污了皇家笔笺，就顺势把脚伸向旁边的高力士，开口道：“劳驾帮个忙。”高力士大惊，除伺候玄宗皇帝，还没人敢让他帮忙脱靴子呢！不过，行动往往比思考更为迅速。高力士的脑袋还没反应过来，那双捧惯了御足的手，已经捧住李白的靴子，“帮忙”脱了下来。李白也不客气，干脆把另一只靴子也递到高力士手中，由他一并脱下。

见到这一幕，周围的小太监们吓得面如死灰，个个僵着身体，不敢动弹。为什么呢？因为高力士与众不同，并非寻常的宦官。他出身名门，是大唐内宫中的四朝元老，帮助玄宗镇压叛乱，加封骠骑大将军。他的资产殷厚，很多王侯都比不上，连李林甫、杨国忠都对他敬畏三分，诸王公主也对他尊敬有加，视他如家族长辈一般，被后世赞誉为“千古宦官第一人”。

有权有势的高力士，深得玄宗信任。像脱靴子这样的事，他只侍奉过玄宗皇帝。李白这位翰林待诏，却公然让高力士为他脱靴，这无疑是对高力士的极大不敬，显得他自大猖狂，目中无人。这让高力士感到既难堪又气愤，心中自然埋下了仇恨的种子。

可当事人李白对此满不在乎，这种我行我素的态度，无形中给自己埋下一颗炸弹。由此可见，官场确实不适合李白这种性格的人。他虽才气纵横，不畏权贵，但情商过低，常常因为自己的放荡不羁错过很多重要的机会。当然，这些都是世俗之人的看法。李白本就是一位超凡脱俗的诗人，明明可以靠才华吃饭，何必纠结于世俗之见?

当李白用不足一盏茶的工夫，洋洋洒洒地完成《出师诏》时，所有人似乎都忘记了他让高力士脱靴的举动，反而被他那出类拔萃的才华深深吸引。皇帝龙颜大悦，赞叹不已，当即宣布明日上朝将正式授予李白中书舍人之职。

李白得到玄宗皇帝的承诺，激动万分，兴奋得一夜没睡。这一年多来，在翰林待诏的职位上，李白陪着皇帝和贵妃吃喝玩乐，距离自己“愿为辅弼”的理想越来越远。但若能任职中书舍人，情况就完全不同了。作为中书舍人，他将有机会起草诏令，参与机密，真真正正能够参与国家大事了。

辞职放还，谁懂？

在李白跌宕起伏的一生中，距离他实现“愿为辅弼”理想最近的时刻，便是玄宗皇帝命他起草《出师诏》并允诺授予他中书舍人职位的那一刻。然而，天意弄人，世事难料，皇帝的承诺未能如期兑现，这一切终不过镜花水月，恍如隔世一场梦。

玄宗皇帝一心想出兵吐蕃，以彰显大唐国威。当着文武百官的面，他命人宣读李白所写的《出师诏》。这份诏书言辞磅礴，气势恢宏，足以激起大唐将士的豪情壮志。可被赋予重任的大将军王忠嗣，却面露忧虑，违抗圣命，拒绝出征。他双膝跪地，不惜磕头磕出鲜血，忠心奏谏：“臣愿效战国李牧，西汉李广，以持重安边为务。……否则，征伐频繁，徒劳无功，兴师动众，动摇国本。……今关中丁壮，已征行略尽，孤儿寡妇，遍于京畿。臣非贪生怕死，实不忍以数万人之性命易一官。”

王忠嗣将军的话，深深打动了李白：这才是真正心怀家国、为民请命的好将军。

李白自恃才华过人，但此刻却为自己所写的诏书感到惭愧和后悔。他心中涌起一股冲动，想要声援王忠嗣将军。可玄宗皇帝一脸阴沉，而那位大唐宰相李林甫，只会奉承拍马，顺着皇帝的意思，公然责备王忠嗣将军。这是李白第一次站在朝堂之上，也是他第一次看到李林甫那令人作呕的嘴脸，更是第一次感受到大唐朝廷内部的腐败和黑暗。他鼓起勇气，正要仗义执言，突然被旁边伸出的一只手拉住了。李白抬头一看，对方竟是自己初游金陵时结交的好友崔国辅，现任礼部员外郎。

退朝后，李白闷闷不乐地回到翰林院。他并非为自己没得到皇帝的任命而沮丧，而是从心底里为王忠嗣将军鸣不平。李白越想越愤慨，决定上书皇帝。这时，崔国辅推门而入，将朝廷近几年的内幕倾心相告。那些不为人知的黑暗，竟比“贺监”所说有过之而无不及。李白终于明白了，不管自己怎样努力，哪怕与皇帝近在咫尺，也永远无法实现自己的报国理想。如今的大唐盛世，早已变质腐烂，无药可救了。

没过多久，李白最敬重的“贺监”贺知章，辞别了京城，选择告老还乡。在李白看来，贺知章作为四朝元老，一生为国操劳，功成身退，荣归故里，是值得骄傲和高兴的事情。只不过，对李白来说，这也意味着他身边又少了一位知心人。曾经“酒中八仙”欢聚一堂的热闹场景，如今也渐显冷清。李白常常在夜里黯然伤怀，借酒买醉，与无奈和愁苦一同入梦。

如预想中那样，任命李白为中书舍人的诏书迟迟没有下达。李白对玄宗皇帝的奢靡生活，越来越失望，而玄宗对李白的行为举止，也越来越不满，君臣二人之间的嫌隙日益加深。感受到玄宗的冷落，李白对自由的向往愈发强烈，醉酒成了他排遣苦闷的常态。这时，李白得罪过的那些“小人”也开始想方设法除掉他。

其中，最有权势的两个人，便是高力士和李林甫。李白让高力士脱靴一事，不仅成为坊间笑话，更成为高力士心中的一根刺。他一直在隐忍中等待机会，希望能狠狠教训李白一顿。而以李林甫为首的朝廷官员，对李白也早已心生怨恨，他们不满李白的直言不讳和恃才傲物，更想尽快将他从皇帝身边排挤走。

于是，这些人开始暗地里编造谎言、散播谣言，见缝插针说李白坏话，致使宫内宫外谣言四起。玄宗皇帝听闻后，自然心生不悦。而高力士则更进一步，明知杨贵妃喜爱李白所作的《清平调》，却故意曲解其意，向杨贵妃告状：“娘娘，李白拿您和赵飞燕相提并论，这是变着法子骂您呢。”杨贵妃听完后，觉得高力士分析得有道理，越想越不痛快，对李白的好感逐渐转为反感。她还不时给玄

宗吹耳边风，令玄宗也对李白产生了反感，日益疏远他。

不过，玄宗始终还是爱才之人，将李白留在身边，听他作诗赋词，也是一件赏心悦目的事。最让玄宗不放心的，其实是李白贪杯醉酒，放荡不羁。玄宗怕他酒后言辞无忌，泄露宫廷秘密，闯下大祸。

李白当然无法知晓玄宗皇帝的心思，只感觉皇帝已不再器重自己。同时，身边那些志同道合的人，也一个个离开了长安，这更增添了他的孤独和落寞，让他感到形单影只，寂寞飘零。此时，他已认清现实：此生抱负无法施展，心中理想无法实现，与其困在翰林院中郁郁寡欢，倒不如以退为进，去拥抱自己向往的生活。

天宝三载（744）春，李白在经历了多日的深思熟虑与内心挣扎后，终于下定决心，写了一份辞职报告，呈递给玄宗皇帝。玄宗皇帝当日就“恩准”了李白的请求，并赏赐给他很多金银财宝。

李白突然感慨万千，忍不住放声大笑，望着大明宫的青砖绿瓦，回想往日的皇恩浩荡，又生出一缕莫名的伤感。李白觉得自己如同断线的风筝，转身离开长安……

诗酒天涯

两大巨星相会了

有人说，李白此生离不开两样东西——诗和酒，那是他心中至爱。也有人说，李白因诗而闻名天下，因酒而失去前途，理应趋利避害，扬长避短。可人生在世，率性而为，坚持初心，活出自我，又何尝不是李白最真实的写照呢？

天宝三载（744）春，李白被玄宗皇帝“赐金还山”，离开长安城。回眸而望，人生过半，兜兜转转，又回到了原点。其间，他有过喜悦，有过颓丧，有过辉煌，有过低谷。在翰林院的这段时间，他终于明白当初王昌龄的无奈、贺知章的愤慨，以及自己报国无门的真相。失望，是必然的，但脚下的路，还要继续走。

李白离开长安后，并没有立刻回家，而是取道洛阳，拜见一些老朋友。如今的洛阳，亦不可与几年前同日而语，因朝廷官员昏聩腐败，整个社会都处于一种低迷不振的状态。幸好，在朋友们的陪伴下，李白渐渐纾解了烦闷，还在宴游聚会之际，与大唐文坛另一位巨星——“诗圣”杜甫相遇了。

这时候的杜甫，虽有才华傍身，但名气不大，在世人眼中，不过是个科举落第的失意才子罢了。或许天意如此，或许灵魂契合，又或许彼此吸引，仅在人群中多看了一眼，李白就认定了杜甫这个小兄弟。杜甫深感荣幸，激动万分，因为他非常崇拜李白、敬重李白，一直都是李白的忠实粉丝。两人拱手举杯，相视而笑，那一眼交会，仿佛穿越了时空，定格了永恒。他们当然不知道，这次会面竟在中国文学史上画上了浓墨重彩的一笔，成为一个里程碑式的大事件，对后世产生了极其深远的影响。

初次相逢的李白和杜甫，一个四十四岁，一个三十三岁，他们就像诗国天空中的两颗巨星，双日并世，璀璨夺目，照亮了整

个大唐文坛。有人说，真正的友谊能够超越一切。确实，在李白和杜甫的心中，年龄、身份、地位的差距，皆如浮云般微不足道。两人志趣相投，境界相当，一见如故。在洛阳的诗意时光里，他们吟诗作赋，把酒言欢，享受着那份难得的逍遥和快活。在朝夕相伴的日子里，他们谈笑风生，友情日益深厚，并约秋后梁园再聚，一同求仙问道。

梁园，是西汉梁孝王所建，方圆三百多里，用以招揽天下才俊。历经朝代更迭，昔日繁华早已不在，今时的梁园断壁残垣，荒草萋萋。天宝三载（744）秋，李白和杜甫如约再聚，与另一位诗人高适不期而遇。三人同游梁宋，策马扬鞭，混迹渔樵，登台望远，赋诗狂歌，访古寻幽，结下深厚的友谊。

在杜甫的陪伴下，李白渐渐缓解了内心的惆怅，抛开了灵魂的创伤，看起来快乐许多。然而，只有李白知道，在他心底某个隐蔽的角落里，那份对“济苍生、安社稷”的执着追求，如同静默的暗流，虽深藏不露，却澎湃不息。

此次游历后，杜甫因家中有急事而匆匆离开，心中仍对李白念念不舍。李白也时刻挂念着杜甫，两人友谊深厚，心意相通。天宝四载（745）夏，杜甫邀李白去济南相聚。李白非常高兴，开开心心前往济南，不但与杜甫再次见面，还见到了二十多年前的渝州刺史、现任北海太守——李邕。

李邕年长李白二十余岁，如今已是白发苍苍的老人。当两人再次相遇，他们对视良久，忽而心照不宣地大笑起来，仿佛过去的误会和隔阂都在这笑声中烟消云散了。想当年，李白干谒至李邕门下，渴望得到指点和赏识。然而，李邕因公务忙碌，甚至没看一眼李白的作品，就派手下人将他打发走了。李白心有不甘，气愤不已，留下千古名句“大鹏一日同风起，扶摇直上九万里”后，甩甩衣袖，狂傲离开。曾经的他是多么踌躇满志，勇往直前，才会写下那么狂妄自负的诗句。时隔二十余年，两人再相见时，李白已褪去年少轻狂，多了一份看透世事的沧桑。李邕的经历似乎也并不如意，论其才华与政绩，本应升居宰相之职，却几次三番因小人妒忌而屡遭贬谪，不胜唏嘘。

同年秋天，李白和杜甫又回到鲁郡盘桓。两人朝夕相处，亲如兄弟，一同求仙问道，遍游四方，友谊日深，难分难舍。他们结伴去拜访住在城郊北部的范隐士。在漫步的途中，两人却不小心迷了路。李白甚至还摔了一跤，身上沾满多刺的苍耳子，看起来相当狼狈。杜甫赶忙上前，帮着李白摘苍耳，觉得这位老大哥又可爱又好笑。当找到范隐士的家时，李白早忘记了自己的“难堪”，三人开怀畅饮，吃着新鲜的瓜果蔬菜，感受着山林草木带来的宁静与惬意。

天下没有不散的筵席，杜甫还年轻，要西入长安，继续为理想而努力。李白虽心中不舍，仍鼓励杜甫坚持下去。离别在即，两人互相赠诗一首，以寄托彼此深深的情谊。可没过多久，李白便开始思念杜甫，又作《沙丘城下寄杜甫》来表达真情实感。而

杜甫，对李白的思念更是浓烈，他写给李白的诗多达十几首，字里行间都透露出对这位挚友的挂念。

人生得一知己，足矣。李白和杜甫，这对相差整整十一岁的忘年之交，如同绽放在大唐诗坛上的并蒂莲花，他们以惺惺相惜的深情、互助互爱的实际行动，共同谱写了一曲至真至善、至纯至深的友谊之歌。

道学更上一层楼

李白心中有两大理想：第一，他渴望成为帝王的辅佐，治国安邦，平定天下。但经历了“赐金还山”后，这个远大而高尚的理想，几乎是不可能实现了。

李白的第二个理想，是潜心修道，飞天升仙。毋庸置疑，李白崇尚道家，喜欢道学，少年时期已博览各种奇书。道学，不仅是李白的个人信仰，更是长久以来植根于他内心深处的追求。当现实给予他挫折时，这份信仰往往像救命稻草一般，成为他逃避

现实、寻求心灵慰藉的依靠。

更准确地说，“求道”是李白在第一理想受挫后，所采取的一种自我逃避的策略。他寄希望于通过追求道学、炼丹寻仙，来远离世俗的纷扰，将自己所看到的、所听到的、所感受到的无助与创痛，全部抛诸脑后，以为这样就能不再受到世俗的波及和影响。

或许，对于普通人而言，置身于红尘之外，确实可以过上“采菊东篱下，悠然见南山”的避世生活。但李白是什么人？他从小志存高远，胸怀天下，一生奔波，四处游历，只为建功立业，定国安邦。若他真能安心求道，早在二十多年前，他与道教老前辈司马承祯相见之时，就可彼此携手问道，同游仙山，又何必在等待二十年后，重新寻求道学之路呢？

不管怎样，当亲身经历大唐王朝的风风雨雨，亲眼目睹朝廷内部的黑暗与腐败，李白感到深深的绝望，因此选择黯然离开，转而求仙问道。可在他的内心深处，家国天下仍是第一位，这种情感至死也不曾动摇。

天宝三载（744）秋，李白与杜甫、高适欢聚分别后，他前往济南郡道教宫观紫极宫，请求北海高天师为他授道箓。道箓，是道教所传的符箓，据说有威慑四方、护身驱邪的法力。一个人接受道箓之后，就算正式加入道籍，成为在编的道教徒了。

此时的李白，心中虽有国家百姓，虽仍壮志未酬，但已觉前途黑暗，看不到任何光明。在这样的心境驱使下，他将全部精力扑在道学上。天宝三载（744）十月，紫极宫连日传出洪亮震耳的钟声，燃着日夜不断的香火，这里正举行新道徒的入教仪式，李白就在其中。

入教仪式显得极其庄重而严格。三尺高的土坛周围圈着绳子，中间摆着香案，北海郡的高天师披发仗剑，站在正中。几十名新道徒，各自反剪双手在背后，一个跟着一个，环绕神坛不停走动，口中念念有词。这样整整七天七夜，只在每天凌晨时短暂休息片刻，补充一点儿素食和水分。他们不停地走着，念诵着，直到走完最后一圈，静待高天师授“道箓”。

李白咬紧牙关，极力地坚持。他面色苍白，冷汗淋漓，身体趔趄摇晃，已处于半昏迷状态。当高天师喊他的名字时，他几乎不能举步，在两个小道士的搀扶下才勉强站到坛前，听从“真言”训示，接受白绢朱文的“道箓”，完成最后的入道仪式。接下来，李白昏睡了三天三夜，身心的痛楚无以言喻。唯一庆幸的是，他终于正式成为道门弟子，令道学成就更上一层楼。从此，他决心了却尘缘，忘记愁苦，超然物外，独立于世。

离开紫极宫后，李白回到了东鲁家中。他用玄宗赏赐的钱财建造了一座酒楼和一间丹房。每天，他不是饮酒自醉，就是升火炼丹。这样的日子，既是他消磨时光的方式，也是他麻痹过往伤痛的过程。

小小的丹房里，常会出现五颜六色的火焰，那是各种矿石堆叠在一起烧制的光芒。每次他炼出丹药，都会自服自用。但是，不出三天，这些丹药便会使他肠胃不适，频繁拉肚子。来来回回几次后，李白被折腾得日渐消瘦，卧病在床。加上他长期酗酒无度，身体一日不如一日，状况令人担忧。

然而，炼丹的失败并没有削弱李白对道教的热情。他转而研究道法，还撰写有关道教信仰的道书，以表明自己断绝尘缘，潜心修道。可这一系列的举动，只不过是自欺欺人的手段。无论李白在世人面前如何展现洒脱飘逸、忘我陶醉的姿态，都掩盖不了他内心深处的无奈和痛楚。“辅君济世”理想的破灭，对李白而言，是沉重的打击，几乎击垮了他的精神世界。失去了曾经的理想与信念，李白只能寄情于求仙问道，试图在虚幻的世界中麻醉自己，逃避残酷的现实。他用这种方式慰藉心中的伤痛，假装平静地继续前行，但内心的挣扎与痛苦却如影随形，难以释怀。

出游，再下江南

由于思想上长期痛苦不堪，身体又受到酒精折磨，李白大病了一场。他非常苦闷无奈，连续数月卧床不起，在病痛中思前想后，心情十分复杂，想说说不出，想做做不到，还总是做些奇怪的梦，整个人浑浑噩噩，迷迷糊糊，足足半年才彻底摆脱病痛，身体完全康复。

天宝五载（746）秋，李白不顾家人和亲友的劝阻，决定继续出游。为什么他非要这样做呢？那是因为，自从“赐金还山”离开长安后，李白的心灵一直未能得到真正的释放和疗愈。那份深深的打击与创痛，如同一块巨石压在他的心头，令他备受煎熬。无论求仙问道，抑或借酒消愁，都只是他试图逃避现实的方式。他渴望在广袤的天地间，用大自然的力量来洗涤心灵的尘埃，治愈那些难以言说的伤痛。他认为，或许名胜仙境能成为他心灵的庇护所，因此，他选择再次出游。

那么，他该去往哪里呢？李白思索良久后，想起多年前贺知章给他介绍的天台山、天姥山，便毅然决定南下越中（今浙江绍兴），再次踏上江南旧地，寻求能够安放心灵之处。临行前，东鲁的朋友们为他送行，李白心有所感，当即写下一首《梦游天姥吟留别》：

海客谈瀛洲，烟涛微茫信难求。

越人语天姥，云霞明灭或可睹。

天姥连天向天横，势拔五岳掩赤城。

天台四万八千丈，对此欲倒东南倾。

……

忽魂悸以魄动，恍惊起而长嗟。

惟觉时之枕席，失向来之烟霞。

世间行乐亦如此，古来万事东流水。

别君去兮何时还？且放白鹿青崖间，须行即骑访名山。

安能摧眉折腰事权贵，使我不得开心颜！

全诗以梦境开篇，以现实结尾，诉说了李白的人生际遇和感悟。天姥山那奇幻精妙的美景，正如他当初应诏入京，翰林受宠，前途无量的现实。可好景不长，理想幻灭，功业全无，心中郁闷无处纾解，令他不开心，不快乐。既如此，何不离开黑暗而腐败的朝廷，傲世独立于天地间呢？

于是，李白怀着新的希望，启程南下。他先来到宋州（今河南商丘），游览梁园，正遇上积雪三尺，雪花纷纷扬扬，冷彻人心。接着，他南下扬州，回想起三十年前初到扬州时的盛景，那时的他挥金如土，不到一年便散金三十余万，心中仍涌动着无尽的骄傲。然而，如今的扬州，烟花虽在，却已无当年的辉煌灿烂。随后，李白又来到金陵，在这里度过了明媚的春天，可他的心情始终无法明媚如春，反倒多了几许抹不开的愁绪。后来，他将心中感受写在《登金陵凤凰台》一诗中，诗中描绘了浮云蔽日的景象，表达了他有志难伸的无奈。

凤凰台上凤凰游，凤去台空江自流。

吴宫花草埋幽径，晋代衣冠成古丘。

三山半落青天外，一水中分白鹭洲。

总为浮云能蔽日，长安不见使人愁。

无论身在何方，李白从未真正放弃过自己的理想。在他的心中，家国天下总是占据着重要的位置。即使他远离长安，报国无门，他依然为朝廷叹息，为国运愁苦，为百姓担忧。

李白来到会稽，带着好酒兴冲冲去拜望贺知章。可他万万没想到，贺监竟已在前年去世了。李白非常伤心，回想自己与贺监在长安的交往，更觉酸楚难过。短短几年，人生中又一个知己离开了，李白悲痛万分却又无可奈何，只能对酒伤怀，凄然泪下，写下《对酒忆贺监二首》，以思故人，感念贺老的知遇之恩。

李白终于来到了天台山。天台山，是古人心中类似于仙界蓬

莱的名山。李白望着那巍峨雄伟的山峦，万丈高空的悬崖，飞流直下的瀑布，顿觉神清气爽，心胸开阔，身临其境，感慨万千：远方大海波涛汹涌，近处祥云五光十色，天空仿佛触手可及，这不正是我梦寐以求的仙境吗?

没多久，李白离开越中，返回金陵，在这里留居两年之久。起初，李白在金陵登山临水，凭吊怀古，抒发感慨，心境也有所好转。后来，他听到很多触目惊心又令人难以置信的消息——朝廷的腐败日益严重，几位朋友不是被贬，就是被迫害致死。此时的长安，已经不再是李白所认识的长安了，他常常夜不能寐，忧国忧民，可除了一声叹息，还能怎样呢?

怎一个愁字了得

如果一个人真正胸怀天下，那么，他心心念念的皆是家国百姓。无论他表现得多么狂放不羁，特立独行，恃才肆意，都无法掩盖其内心对家国兴衰、百姓疾苦的深切关怀和沉重忧虑。李白，便是其中之一。

进入天宝年间，大唐王朝踏上了“下坡路”的行程：朝廷内部乌烟瘴气，乱作一团。玄宗皇帝一心只想求长生，沉迷声色，独宠杨贵妃，终日沉溺在温柔乡中，不理朝政，将国家大事全交给了李林甫。结果，李林甫权势滔天，独断专行，嚣张跋扈，为所欲为。

天宝六载（747），李林甫又干出一件大的荒唐事。当时，玄宗皇帝想广纳天下英才，希望他们能为朝廷效力，便吩咐李林甫主持考试，选拔人才。谁知，李林甫在考试中设置重重阻碍，使当年的应试者无一例外地落选。他竟然上表称“野无遗贤”。意思是，在皇帝的英明领导下，全国优秀的人才都已被选拔到朝廷勤勤恳恳、兢兢业业地工作，因此再无遗漏可选拔之人。瞧瞧，这简直就是天大的笑话！泱泱中华大地，浩浩大唐王朝，连一个能用的人都没有，真是要多荒唐有多荒唐！可是，玄宗皇帝居然相信了！

这些年来，大唐朝廷发生了翻天覆地的“坏”变化。首先是杨贵妃一家飞黄腾达，一人得道鸡犬升天，杨家全员加速升官发财。尤其是杨贵妃的堂兄杨国忠，凭借迎合玄宗的喜好而获得重用，成功进入大唐权力中心，与李林甫成为一丘之貉。从本质上来说，李林甫和杨国忠都是大唐王朝的蛀虫，误国误民，不相上下。

其次，李林甫手握重权，为排除异己，随心所欲地行事。他起用酷吏，迫害忠良贤臣，制造了一起又一起冤案，断送了很多忠臣良将的性命。这些悲剧令人扼腕痛惜又愤慨不已。

最后，边塞战事打得一塌糊涂，给人们带来了沉重的负担。玄宗皇帝穷兵黩武，导致战争频繁，耗费大量的人力、物力和财力，而这些沉重的代价最终全由百姓来承担。战争使百姓生活困苦，不得不背井离乡，流离失所。

李白听闻这些消息后，日日愁眉不展，夜夜辗转反侧。其实，皇帝与朝廷、国家与百姓，这些事真轮不到李白来操心。毕竟，现在的李白，只是一介布衣，哪怕胸怀壮志，也无处伸展。

更何况，他在长安翰林院任职时，就已经看透了朝廷的黑暗、人性的贪婪，深知其中的无奈与无力，又何必自寻烦恼呢？然而，李白就是李白，他心中那颗为国为民的心，始终都在强烈跃动，令他无法真正远离尘世，超然物外。

天宝七载（748）春，李白在留居金陵期间，遇到了友人王十二，并从王十二口中得知了一连串悲伤而痛心的事：天宝三载（744），陕郡太守韦坚因开漕运有功，升任刑部尚书。李林甫怕他日后得势，危及自己的地位，故意罗织他谋立太子的罪名，将他贬出长安，还株连了一大批人。其中，也包括李白的故友崔成甫，被贬到洞庭南的湘阴县。而韦坚在贬谪之地，被李林甫派去的爪牙追逼致死，非常凄惨。

天宝五载（746）冬，北海太守李邕被诬告，因其不服不认罪，竟被李林甫手下的两个酷吏活活打死在刑庭上。这背后，自然是李林甫的授意，他很早就妒忌李邕，想找机会迫害他。

天宝六载（747），李白深深敬佩的大将军王忠嗣，再次上言谏阻玄宗皇帝出兵攻打吐蕃石堡城，被扣上“阻挠军功”的罪名。李林甫趁机落井下石，唆使人诬告王忠嗣想立太子为帝。这可触及了玄宗的逆鳞，玄宗大怒，差点儿杀了王忠嗣，最终决定贬他为汉阳太守。王忠嗣对玄宗皇帝忠心耿耿，是玄宗看着长大的，眼见玄宗日益昏聩，朝廷越发黑暗，心中万分愁苦，不久便忧愤而死。

这些冤案，一桩桩，一件件，听在李白耳中，痛在他的心底。他哀鸣，他苦闷，他恼怒，他悲愤交加，他慷慨激昂，他心急如焚……可他又能为日渐西斜的大唐做些什么呢？或许，面对腐败不堪的朝廷，“视而不见、充耳不闻”才是最明智的选择，但李白做不到。他是大唐“诗仙”，是有理想、有抱负的爱国诗人，他要用自己创作的诗歌，抨击朝廷，讽刺奸臣，唤醒更多沉睡的爱国民众。

……士卒涂草莽，将军空尔为。乃知兵者是凶器，圣人不得已而用之。

——《战城南》

……君不见李北海，英风豪气今何在？君不见裴尚书，土坟三尺蒿棘居。少年早欲五湖去，见此弥将钟鼎疏。

——《答王十二寒夜独酌有怀》

李白就是这样，从不惧怕任何权贵，无论高高在上的昏君，还是祸国殃民的奸臣，都将成为他诗作中无情批判的对象。只不过，他一介草民，发出的呐喊声如蚊虫般弱小，根本起不到什么作用，可他至少做到了无愧于心。他坚守自己的信念，但行好事，莫问前程，只要尽力而为，便足矣。

梁园再娶宗夫人

我们的一生，总是充满了曲折与波澜：时而攀上巅峰，时而陷入低谷；时而享受荣耀的辉煌，时而承受屈辱的打击；时而品味欢喜的甘甜，时而咀嚼悲伤的苦涩。然而，正是这些起起伏伏，让人生像五彩斑斓的烟花一般，绚烂而多彩，令人陶醉。不过，放眼这纷繁复杂的世界，又有几人能够坦然接受生活的巨变呢？

进入天宝年间，大唐的繁荣盛世已逐渐消逝，取而代之的是日益加剧的危机和绝境。对李白来说，这当然是他最不愿目睹的现实，但他又无力改变什么，只能作为一个焦虑苦闷的旁观者，亲身经历大唐走向衰败的命运。

不可否认，李白出生在大唐最为辉煌的时代，那是唐玄宗励精图治的前期，繁华盛世，国泰民安。但几十年过去，唐玄宗逐渐沉溺于享乐，不再锐意进取，大唐也步入了由盛转衰的局面。

李白，这位伟大的诗人，也不幸地被历史的洪流裹挟，进入了大唐最为动荡和艰难的时代。

天宝七载（748）后的两年，李白留居金陵期间，心情沉重到了极点。他很清楚，大唐已至末路，真的要“变天”了。看那君王昏聩，奸臣当道，忠良屡屡受害，百姓凄苦不堪，朝廷上下多是贪婪阴险之辈，这样的环境让他如何还能期盼大唐能够重振雄风，再现昔日的繁荣昌盛？

李白渐渐绝望，虽然心中辅国安邦的人生理想，仍在蠢蠢欲动。但作为一个普通大唐百姓，他能做的、想做的、敢做的，都已经做了，而今他最期盼的，是速速回到家中，陪伴一双儿女，肩负起父亲的责任，守护好自己的孩子。

时间过得真快，自从李白离家，转眼几年过去了。当初，他刚刚赐金还山，理想受挫，心中苦闷，备受折磨，才会选择再次出游江南。李白将儿女托付给东鲁的亲戚照顾，虽有不舍不安，却还是义无反顾地走了。其间，他也曾想念子女，写诗寄情，表达对孩子的歉疚与思念。

其实，客观来说，李白并非一位称职的好父亲。多年前，孩子刚出生时，他就很少陪伴照料，甚至外出游历归来后，孩子根本不认识他。但血缘是世间割不断的纽带，哪怕李白是直冲云霄的大鹏，也终归放不下家中的儿女。

因此，李白决定从金陵返回东鲁的家，与儿女团圆，共享天伦。没想到，途中经过宋州（今河南商丘）梁园时，他竟意外结下了生命中的另一段美好姻缘。

李白的第一任夫人许氏，出身安陆许家，是当之无愧的名门望族。许夫人生下一双儿女，陪伴李白十多年后，因积劳成疾而撒手人寰。从此，李白离开安陆，带着儿女迁居东鲁，再也没有真正迎娶过新的妻子。其间，李白身边也曾先后有过两位女子，帮忙照顾家事和儿女，但终未正式迎娶。

如今，已年近半百的李白，竟在梁园遇到一个令他心动的女子。这名女子姓宗，后世称其“宗夫人”。宗夫人与李白的第一任妻子许夫人，有着很多相似的地方：出身尊贵、清秀美丽、知书达理、温柔贤惠，深得李白好感。两人相遇时，宗夫人已经三十多岁，虽然错过了古人眼中最佳的婚嫁年龄，但宗夫人依旧美貌秀雅，别有风韵。尤其是，宗夫人出身相门，祖父宗楚客曾在武周和中宗时期三次拜相，家族显赫一时，风光无限。尽管宗楚客的名声不怎么好，后来还因内部夺权之争而被诛杀，但作为相门孙女的宗小姐与名噪天下的大诗人李白，也算门当户对，非常般配。

宗夫人喜欢诗文，对李白十分崇拜和景仰，深深为李白的才华所折服。不仅如此，宗夫人潜心修道学仙，与李白有着共同的兴趣爱好。人们常说，世间知己难求，而志趣相投的知己更加难求。李白与宗夫人不仅彼此欣赏，更是互为知己，这样的缘分，无疑是人生中的一大幸事。婚后，李白夫妻相敬如宾，感情甚笃，生活稳定幸福，家庭和睦温暖。在宗夫人的陪伴下，李白渐渐消除心中苦闷，慢慢走出人生低谷，度过了一段美满快乐的日子。

回顾李白一生的情感生活，其经历似乎与他的诗文一样，显得那么与众不同。他先后两次迎娶相门之女，却皆是入赘为婿，这在注重门第观念的唐朝社会，可不是什么光彩的事，但李白却毫不在意，恰如他洒脱不羁、无拘无束的性格。更何况，宗夫人的出现，对李白来说，犹如黑暗中的一缕曙光，让李白那颗漂泊不定的心终于找到了停靠的港湾，使他逐渐振作起来，迈向崭新的生活。

此后的日子里，虽仍有狂风暴雨，但宗夫人对李白不离不弃，陪伴他走过了人生最后一段坎坷道路。李白也十分珍爱宗夫人，即使离家在外，也时常思念。而且，宗夫人还多次出现在李白的诗歌中，随着他那些不朽的作品流传后世，千年万载。

乱世飘零

幽州之行失望多

在人生的旅途中，许多人步入中年之后，心态往往会发生显著的转变，他们不再向往激情燃烧的岁月，反而更渴望远离喧嚣，宁静避世。但李白不同，他一生以大鹏自比，充满豪情壮志，忧国忧民忧天下，从未放弃过心中理想。

年轻气盛时，李白曾立志 “书剑许明时”。然而，在人生旅途的三十载起伏中，直至大唐天宝年间，他才终于领悟到，仅凭“书”来报国这条路，已经行不通了。那么，何不转而寻求“剑”这条路呢？更何况，李白自幼习武练剑，多年坚持不懈，虽不敢妄称个中高手，但李白的剑术之精湛，确实让人赞叹。

恰好，机会来了！

天宝十载（751），李白收到友人何昌浩的书信，信中诚挚地邀请他北上幽州。何昌浩本是一个落第秀才，曾在穷困潦倒时得到过李白多次救济，如今已在幽州军营中做了官。他深知李白高才，远远胜过自己，故而主动发出邀请，希望李白能北上幽州，发挥才智，大展宏图。

本来，李白与宗夫人成亲后，过上了短暂的平静生活。而且，夫妻俩都是好道之人，商量着寻觅一处清幽之地，隐居深山，不问世事。其实，这样的憧憬虽然很美好，但完全不符合李白的真实性情。在李白心目中，“求仙问道”只是自我安慰、逃避现实的借口，哪怕身处天涯海角，他也舍不掉治国安邦的理想，放不下家国百姓的危难。

李白苦苦思考多日后，给何昌浩写了回信，信中表达了他决心前往幽州的决定。当他将自己的想法告诉妻子宗夫人时，宗夫人不但不支持，还表达了强烈的反对。宗夫人曾亲历宗氏大家族的起起落落，比李白更清楚时局的险恶。她一心求道，只希望与

李白平安度过余生，根本不屑于权势地位，更不愿李白去幽州冒险。因为，幽州是安禄山的大本营，而安禄山公然招兵买马，其谋反之心已昭然若揭。李白觉得妻子分析得很有道理，但他的报国热情正在熊熊燃烧，无法被任何人、任何事所熄灭。已到知天命之年的李白，仿佛回到了十几年前，整个人意气风发，勇敢无畏。

于是，天宝十载（751）冬天，李白开始了幽州之行。一路走走停停，边游边赏，次年十月，李白才到达幽州。此时的幽州，天高云淡，地阔无边，放眼望去，尽是一片苍茫与辽阔。这壮丽的景象令李白心旷神怡，他不禁连连赞叹。友人何昌浩热情接待了他，不但日日以美酒佳肴相待，还陪着李白周游各地，赏览幽州独特的塞外风光。当亲眼目睹幽州将士们为保卫疆土奋力操练时，李白不禁热血沸腾，振奋不已，更坚定了他留在边境、保家卫国的决心。

在幽州待上一段时间后，李白逐渐觉察到一些不对劲的迹象。通过多方探访和考察，李白日渐看清了边境战争的真相，以及安禄山企图谋逆的野心。安禄山掌管三大军区，手握重兵，几乎拥有大唐近半的兵力，但他不以保境安民为己任，总是借故向边境小国挑起战争，从而猎取军功，向朝廷邀赏，令自己步步高升，权力越来越大，却完全不顾边境百姓的死活。更令人担忧的是，安禄山还以幽州为中心，不断扩充军备，招兵买马，伺机造反，企图篡夺朝政大权。

李白目睹眼前的局势，心中焦虑万分。在幽州待得越久，他越感到不安，时刻忧心国家的前途和命运。可是，他又能做些什么呢？好几次，他想写信给京城那些重情重义、有担当、有责任感的友人，希望将自己在幽州的所见所闻，通过他们上奏给朝廷。然而，李白很快便意识到自己的想法过于天真。玄宗皇帝年老昏庸，早被安禄山的表面忠诚蒙蔽了双眼。再加上安禄山手握重权，深受皇帝的宠信，谁若敢对他稍有微词，便等同于自寻死路。因此，尽管很多人已经看穿了安禄山的造反之心，却都选择了沉默，只能任由事态发展。

李白生性率真，直爽洒脱，胸怀壮志，不畏权贵，眼看着安禄山的谋逆之心日益膨胀，他怎么可能坐视不理呢？既然写奏疏行不通，那就换个方式，以他最擅长的诗歌为武器，描述现实的严峻与危急。于是，他创作了《北风行》。在这首诗中，李白将幽州的天昏地暗描绘得既真实又充满危机感。然而，如此震撼人心的作品，又有多少人能够真正领悟其中的深意，感受到那份紧迫与忧虑呢？

烛龙栖寒门，光耀犹旦开。日月照之何不及此？唯有北风号怒天上来。燕山雪花大如席，片片吹落轩辕台。幽州思妇十二月，停歌罢笑双蛾摧。倚门望行人，念君长城苦寒良可哀。别时提剑救边去，遗此虎文金鞞靫。中有一双白羽箭，蜘蛛结网生尘埃。箭空在，人今战死不复回。不忍见此物，焚之已成灰。黄河捧土尚可塞，北风雨雪恨难裁！

李白怀着满腔的忧愤，倾吐出自己的感受，其痛楚与无奈在诗中展现得淋漓尽致。他大声疾呼，大声呐喊，却无人在意。玄宗皇帝倚重奸邪，内有李林甫、杨国忠等把控朝廷大权，外有安禄山野心勃勃，伺机造反。李白伤心至极，自己知而不能言，言而无人听，这种无奈无助的绝望，又有谁能理解呢？

李白在幽州盘桓两个多月后，深知这里不是他仗剑报国的地方，便在天宝十一载（752）岁末，悄悄离开了。此次幽州之行，给李白泼了一盆冷水，让他重新燃起的报国热情，再一次冷却下来。

三入长安，救国无望

有人说，李白是大唐王朝的“旅行达人”，因为他大半生的时间，都处于“离家漫游”的状态。不过，细细品味，深入研究，我们便会发现李白一生中的几次外出游历，并非漫无目的、肆意妄为，而是他不断追寻理想的辉煌历程。

四十二岁的李白，奉召入京，风光无限；四十四岁的李白，赐金还山，离别长安。几番颠簸过后，李白以为自己此生不会再入长安，但在他五十三岁这一年，他又萌生了三入长安的念头。

原来，李白从幽州回到梁园家里后，一直忧心忡忡，疑虑重重。他想忘记在幽州见到的一切，想当作什么事都没有发生，可无论如何骗不了自己，他那颗为国为民的心总是无处安放。国家明明危在旦夕，百姓即将流离失所，他既然心知肚明，又岂能无动于衷？

于是，李白将自己的心思告诉了妻子宗夫人。宗夫人聪慧淡然，对安禄山谋逆造反的野心，其实早有预料，否则她当初就不会反对李白北上幽州了。如今李白平安归来，宗夫人别无他愿，只盼夫妻二人去嵩山隐居修道。没想到，李白却摇头说："夫人，天下要乱了，我哪有心情修道呀？我要马上赶往长安，向朝廷献计献策，消除这场灾难，也算实现了我毕生追求的'济苍生、安社稷'的理想。"

听完李白的话，宗夫人可真着急了，拼命劝阻他："夫君，千万不要啊！安禄山深得皇帝宠信，大权在握，重兵在手，你前去告状太危险了！而且，你区区一介布衣，连靠近皇帝的机会都没有，凭什么对抗那些乱臣贼子呢？"但李白完全不听劝，反而兴致勃勃地说："我可以通过我的才华，写诗著文，让这些作品流传坊间，遍布京城，集众人之力，消除祸乱！"宗夫人无可奈何，空余叹息，她怎么都没想到年过半百的李白，竟会像孩子般纯真执拗，

令人哭笑不得。

天宝十二载（753）春，李白怀着急切的心情，第三次进入长安，希望将安禄山谋反的证据上奏朝廷。此时的长安，春光明媚，天空湛蓝，杨柳依依，溪水潺潺，城楼威严，街巷喧闹，宾客如云，繁华如昔。来来往往的人群，熙熙攘攘的车马，这看似祥和安稳的盛世，还能持续多久呢？

李白到达城中后，找家客栈住了下来。正如妻子所说，他只是一介平民，想见玄宗皇帝比登天还要难，又该怎样将消息上奏呢？看来，必须在朝廷中找一个有权力、有地位，且正直可靠的人帮忙才行。可是，找谁呢？思来想去，他终于想到了一个人——哥舒翰。哥舒翰与安禄山一样，也是朝廷的番将，但他为人讲义气、重承诺，与安禄山那样邪佞的小人完全不同。

李白四处打听，得知哥舒翰恰在京城。哥舒翰骁勇善战，性情耿直，曾在玄宗皇帝面前，不顾个人安危力保王忠嗣，其言辞恳切，声泪俱下，令人动容。李白觉得，哥舒翰是一位值得信任、值得托付的国家栋梁，若将安禄山蓄意谋反之事，详细告知哥舒翰，或许能为朝廷争取一线生机。

不过，世事难料，就算哥舒翰有“救国家于危难”的忠心，将李白陈述的事实上奏玄宗皇帝，可年老昏庸的玄宗皇帝也未必会相信，甚至可能产生猜疑和反感，哥舒翰还会因此陷入险境，变成安禄山的“眼中钉”“肉中刺”。李白深知此中利害，心中不禁忐忑：哥舒翰，这位英勇正直的将领，是否愿意为了国家大义，冒此巨大风险，挺身而出呢？

李白经过深思熟虑，内心犹豫不决，最终还是写下一首引而不发的投赠诗《述德兼陈情上哥舒大夫》。虽然此诗只有短短八句话，但诗句的弦外之音，言外之意都完美地传达出去了。若哥舒翰有心帮忙，自会联系李白，商讨大计。相反，如果哥舒翰无法或不愿介入此事，那这件事就会不了了之。

接下来，便是一段漫长的等待。李白深感无聊，离开客栈，走上街头，去游览长安城。城中楼台高耸，金碧辉煌，花红柳绿，莺啼燕语。可不知怎的，面对如此繁华美景，李白却感到心绪不宁，失去欣赏的心情，索性放弃游览，返回客栈继续等消息。

日月交替，时光飞逝，李白的投赠诗仿若石沉大海，从此再

也没了音信。李白知道，他三入长安的救国梦，又一次破灭了。无奈之下，李白奋笔疾书，将满腹辛酸投于纸上，写下一首《远别离》：

远别离，古有皇英之二女。乃在洞庭之南，潇湘之浦。海水直下万里深，谁人不言此离苦？日惨惨兮云冥冥，猩猩啼烟兮鬼啸雨。我纵言之将何补？皇穹窃恐不照余之忠诚……

李白再次将心中的悲愤一股脑儿地倾吐出来，并用一句句诗歌，揭示了朝廷的颓废和时局的阴暗。看来，那个曾经辉煌鼎盛的大唐，真的命数已尽，无力挽救了。

宣城那些事儿

天宝年间，长安城作为整个大唐王朝的首都，作为全国的政治、经济、文化中心，其表面上的繁荣昌盛已逐渐沦为虚假的幻象。事实上，玄宗统治下的朝廷，早已从根底腐败溃烂了。

幽州之行，李白亲眼目睹了安禄山的勃勃野心；长安之行，李白深切感受到了朝廷的昏暗堕落。这些真真切切的事实，无不时刻提醒着李白：大唐曾经的盛世辉煌，犹如昙花一现，即将消逝于历史的洪流之中。

天宝十二载（753）春，李白第三次入长安后，看到国家的颓势，深感救国无望，便毅然决定离开。他返回梁园宗家，与妻子团聚。此时的李白，心情复杂，百感交集，心中说不出是什么样的滋味。他出生在大唐盛世，那是最好的时代，那时玄宗皇帝英明神武，国家稳定繁荣，百姓安居乐业。可慢慢地，形势逐渐逆转，大唐开始走下坡路。玄宗皇帝沉湎声色，不理朝政，重用奸邪，导致朝纲败坏，乌烟瘴气弥漫朝野。如今，整个国家已处于风雨飘摇之中，变得岌岌可危。然而，朝廷上下居然对此视若无睹，这令李白感到无比的可笑和可悲。

李白回到家中，日日忧愁，唉声叹气，甚至连他最爱的酒，也无法帮助他消除心底的焦虑。李白从年幼时，就已经下定决心，立志报国，辅佐帝王，可他万万没有想到，自己奔波大半生，非但没有实现理想，反而对皇帝、对大唐王朝越来越悲观，越来越失望。宗夫人见李白总是一副失魂落魄的愁苦样儿，感到十分不安，唯有劝说他潜心修道，不问世事，以求内心的平静。

这一次，李白听从了妻子的劝慰，闲来无事便阅读道术奇书，还想着寻找一个世外桃源，和妻子共同隐居避世。恰在此时，李白从弟李昭写来书信，邀请他前往宣城游玩。李昭任职宣城长史，与李白关系不错，且很敬佩李白，所以才主动写信，期待李白出游宣城。

李白心想，或许宣城便是一个理想的隐居之地。更何况从弟这么热诚相邀，他怎能忍心拒绝呢？于是，天宝十二载（753）秋，李白穿着一身道服，腰间佩戴丹囊，离开梁园，南下宣城。

途中，他来到横江渡，见江水浩渺，海潮汹涌，风急浪高，带着地动山摇的磅礴气势。面对此景此情，他心潮澎湃，万千思绪交织心头。回顾过往，李白心中五味杂陈。任翰林待诏时，他曾与玄宗皇帝那么近，仿佛触手可及的成功近在咫尺，一心献计献策，为国为民，最终只落得黯然离京，还归山林。如今，鬓发如霜，愁容满面，依然渴望安济天下，却无人听其言、明其意、懂其心。望着波澜壮阔的长江，李白心中翻涌的，仍是家国天下，是他对社稷苍生的担忧和祈祷。

一路走来，李白思前想后，忐忑不安，背负着沉重的心事，终于在瑟瑟秋风中到达宣城。在宣城，李白受到了太守和长史的热情款待，他日日登山临水，寻幽访胜，表面看上去悠然闲适，无忧无虑。

宣城北部，静卧着一座敬亭山，它仿佛遗世独立，远离尘嚣的纷扰和喧嚣。一日，李白独自登临敬亭山，孤独地坐在那里发呆。当他抬头仰望天空，只见能翱翔的鸟儿都已振翅高飞，消失在天际。就连那悠闲飘荡的云朵，也似乎有意无意地避开了这片天空，留下一片空旷与寂寥。此情此景，让李白的心中不禁生出一种难以言喻的空寥之感。在这片孤寂之中，李白感受到了敬亭山的陪伴和理解，它虽无言，却仿佛能洞察他所有的情感，成了他最真挚的知音。于是，他深深呼吸，一首《独坐敬亭山》脱口而出：

众鸟高飞尽，孤云独去闲。

相看两不厌，只有敬亭山。

李白独坐敬亭山，慨叹自己的人生：一次又一次追寻理想，一次又一次理想破碎，他渐渐对世间的一切感到厌弃了。瞧瞧，山上那么多鸟远走高飞了，连孤独的云朵也悄然而逝，天地间似乎只有这座敬亭山，默默与他相视而望，彼此做伴，互不厌弃。

其实，李白不远千里来到宣城，不仅仅是游览山水，更想求得内心的宁静与超脱。只可惜，抛不开心中的愁苦，他的内心

永远也不可能获得真正的平静。表面的悠闲与安适，犹如春日覆盖水面的薄冰，晶莹而脆弱，难以掩盖其下涌动不息、波澜壮阔的忧国忧民之情感浪潮。终归，李白的心，始终难以完全放下那份沉重的责任感与悲天悯人的情怀。无论宣城有着多么美好的风物，也难以抚慰李白心灵受到的创伤。

如今时局动荡，天昏地暗，阴风怒号，浊浪滔天。放眼整个大唐，正是“山雨欲来风满楼”的危难之际，李白忧心忡忡，惴惴不安，但以玄宗皇帝为首的大唐统治集团，仿佛丝毫没有察觉，仍然声色犬马，争权夺利。国家已经走向支离破碎，仅凭李白一人之力，又能改变什么呢？或许，避世远离才是最好的选择。

这个粉丝不简单

李白受邀来到宣城后，看似过着悠闲的生活，但事实上，他的内心从未真正平静过。次年春天，李白开始出游宣城管辖的各个县城及其他旁郡。在这场游历中，李白与泾县县令汪伦结下了不解之缘与深厚友情，历经千年时光仍被传颂，至今誉为美谈。

李白南下南陵（今安徽南陵），旅居在叔父李阳冰家里。一日，李白收到一封邀请函。原来是曾任泾县县令的汪伦，他在信中毕恭毕敬地自我介绍道：“在下泾县汪伦，久闻先生大名，心中十分仰慕。今日邀请先生往敝乡‘十里桃花’‘万家酒店’

做客。”

别说，李白真的动心了。不过，区区一个县城，怎么可能会有“十里桃花”“万家酒店”呢？李白对此将信将疑，决定前去一探究竟。于是，李白乘船来到泾县桃花潭。然而，一番寻觅之后，李白并没有找到满目的桃花和一万家的酒店，心中不禁生出几分焦急，便向身边的汪伦询问：“‘十里桃花’‘万家酒店’在何处？”汪伦脸上洋溢着温和的笑容，耐心地解释道：“太白兄有所不知，‘桃花’二字，实乃此潭之美名，而非真指桃花绵延十里。至于‘万家酒店’，实则因店主姓万，而非指酒店数量之多。”李白听完恍然大悟，哈哈大笑道：“汪兄之言，妙不可言。”

原来，汪伦曾任泾县县令，是个喜好诗文的人。他非常敬重李白，是李白的忠实粉丝，一直期待能与李白见上一面。任满辞官后，汪伦留居泾县桃花潭。当得知李白来到南陵时，他便专门写信发出邀请。可想而知，李白在桃花潭受到了汪伦的盛情招待，两人同游桃花潭及周边名胜，登山临水，乘风揽月，吟诗作赋，对酒当歌，相处得十分愉快。这段时光，对李白而言，无疑是人生旅途中一段难忘而美好的记忆。

临别时，汪伦带上附近一群淳朴的乡民，一同来到岸边，用他们最真挚的方式——“踏歌”，为即将离开的李白送行。李白望着这一幕，心中涌起难以言表的情感，他被这份深厚的友谊深深感动，以一首七言绝句《赠汪伦》相回，将这份超越千尺桃花潭水的友情，永远镌刻在了历史的长河之中。

李白乘舟将欲行，忽闻岸上踏歌声。

桃花潭水深千尺，不及汪伦送我情。

这首赠诗简洁明了，情意拳拳，读起来朗朗上口，又饱含深意，更能突出李白对汪伦的感激与喜爱。两人相识虽短，但彼此建立的友情，却比那桃花潭水还要深。有些人，有些事，有些情，无须多言，心知足矣。

随后，李白继续出游宣城其他地方，每到一处都受到热烈欢迎和坦诚接待，也逐渐缓解了心中的苦闷。春去秋来，李白重新回到宣城，正好遇到途经此地的本家族叔李华。李华任职监察御史，奉命出使东南，恰巧路过宣城。李白邀请李华同登谢朓楼，饮酒览胜，畅谈家国大事。谁知，听完李华带来的消息后，李白更加愁眉不展，心绪难平了。

此时，李林甫已死，杨国忠独掌大权，行事作风与李林甫不相上下，朝廷依旧昏暗腐败。杨国忠好大喜功，滥用武力，连吃败仗，却掩盖真相，令全军伤亡惨重。玄宗皇帝继续沉湎声色，不问政事，眼中已没有大唐江山，只有一个杨玉环。关中各地遭受水旱灾害，百姓流离失所，饿殍遍地，朝廷不闻不问，不管不顾，沉浸在虚幻的假象中，任凭国家一步步走向没落。

李白情绪激昂，站在谢朓楼上，向远处望去，只觉乌云压顶，似有无尽暗流在胸中翻涌，悲愤交加，难以平息。何以解忧？唯有作诗！他怀着复杂的心情，在谢朓楼上挥笔写下《陪侍御叔华登楼歌》：

弃我去者，昨日之日不可留；乱我心者，今日之日多烦忧。长空万里送秋雁，对此可以酣高楼。蓬莱文章建安骨，中间小谢又清发。俱怀逸兴壮思飞，欲上青天揽明月。抽刀断水水更流，举杯销愁愁更愁。人生在世不称意，明朝散发弄扁舟。

李白积压已久的情绪，终于在这一刻爆发：国家危机四伏，朝廷视而不见，自己雄心飞扬，却始终报国无门。面对这可怕又可怜的世道，这可恨又可悲的现实，李白深感无计可施，心中涌起一股强烈的无奈与悲愤。

安史之乱来了

在无情流逝的时光面前，天下万物众生都平等地感受着岁月的更迭。世间所有事，在滚滚前进的历史车轮下，都是没有退路的。玄宗皇帝如此，大唐王朝亦然。历史的车轮不会为任何人、任何事而停留，一切辉煌与衰败，皆成过往云烟。

天宝十四载（755）十一月，蓄谋已久的安禄山起兵叛乱，率二十万大军南下，打着讨伐杨国忠的旗号，正式造反。这场暴风雨，终究还是来了。因安禄山早有叛逆之心，多年厉兵秣马，

军队实力雄厚，战斗力极为强悍，很快横扫河北、河南等地，仅用两个月时间就占领了东都洛阳，如同秋风扫落叶般迅猛。

对于安禄山的叛乱，李白早有所料，当初他三入长安，希望能将安禄山的狼子野心上奏朝廷，消除这场祸乱。结果，该来的还是来了。当叛乱真正发生时，李白仍然感到十分惊骇。这两三年来，李白游走宣城，其间还去过金陵等地，寻找能够安身立命、躲避祸乱之所，但真正事到临头了，他才发现自己竟然什么都没准备，顿觉慌乱无助，措手不及。

李白匆匆北上，去往梁园接宗夫人。可孩子在东鲁，也不能置之不顾，怎么办呢？幸好有个门人出现，自告奋勇去接孩子，李白才安心几分，带着宗夫人流浪辗转各地。

叛军的铁骑向南飞奔，漫漫天空，烟尘滚滚，烽火遍地，杀气冲天。北风呼啸，寒气刺骨，人们在战火纷飞中凄惨逃难，在冰天雪地下艰难前行。李白何尝不是如此呢？他和宗夫人汇入流离失所的难民洪流之中，历尽艰辛，向西奔逃，去往华山。

天宝十五载（756）正月，安禄山在洛阳称帝，国号“大燕”。由于安禄山忙着在洛阳登基，暂时顾不上打仗，使得大唐朝廷有了一丝喘息的机会，开始调兵遣将，准备反击。这时候，郭子仪、李光弼等大唐名将，奉命带兵平叛，得到各地军民响应和支持，战争形势稍稍有了好转。

李白亲眼所见，国家遇难，民不聊生，看着烽火满天，听着百姓哀鸣，他心中的苦闷与悲愤，始终无法平息。只不过，自己空有一腔报国热情，现在却自身难保，无计可施，又何谈家国天下呢？

后来，李白带着宗夫人离开华山，重返宣城。他胸怀壮志，心怀天下，直到此刻仍对朝廷寄予希望，甚至想参战出征，以身许国。然而，现实对李白总有些残忍，一次次粉碎他的期待和梦想：朝廷战败，损失惨重，潼关被攻破，玄宗皇帝仓皇出逃，长安至此陷落。

消息传来，李白非常伤心，日夜痛哭，头上的白发也在不知不觉间又增加无数。听说叛军即将南下，李白和宗夫人赶忙返回金陵，沿着长江西上，最终来到庐山隐居，躲避战火。

庐山风景优美，清幽宁静，远离乱世喧嚣。李白本想借此胜境抚平内心的波澜。可事与愿违，他越想平静，越难以做到，反而日日彷徨，夜夜辗转，怀念长安，心思故国。纵使身处千里之外、万里之遥，他仍然登高远望，注视着那根本看不见的长安。高楼上，李白独自一人落寞惆怅，烟雾弥漫，朦朦胧胧，暮色渐近，愁绪难纾。鸟儿尚有归巢，可若家国不在，哪里是他的归程呢？

“安史之乱”带给李白的冲击，是前所未有的，令他既震撼又惊骇：原来战争如此可怕，国破家亡，百姓颠沛流离，生命如草芥般脆弱，朝不保夕。

李白一心想保家卫国，济世苍生，终是败给了现实。他曾那么意气风发，豁达洒脱，充满豪情壮志，才华直冲九天，可面对战争的烽火、叛军的铁蹄，求生本能还是占据了上风。也正因此，李白这个时期创作的诗词，开始从浪漫理想主义走向忧患现实主义。毕竟，坠落凡间的“诗仙”，还是要在红尘中生活呀！

此生归途

三顾而入永王幕

古人有句谚语：深山藏虎豹，乱世出英雄。意思是，最为威猛的生物常常隐藏在深山老林里，而最为杰出的英雄往往在动荡不安的时代崭露头角。唐天宝年间爆发的“安史之乱”，无疑是一场祸国殃民的大动乱，无数有志之士挺身而出，誓要力挽狂澜，救国于危难，李白就是其中之一。

李白自幼胸怀天下，渴望辅弼帝王，建功立业，只可惜一直未能如愿。当安史之乱爆发后，李白带着妻子宗夫人东奔西跑，躲避祸乱，终于在庐山暂时安定下来，过上了隐居山林、与世无争的生活。然而，这种避世生活绝非李白心中所往，他更希望为国出力，济世安邦。

天宝十五载（756）七月，玄宗皇帝在逃往西蜀的途中，颁布诏令：以太子李亨为兵马大元帅，负责收复长安、洛阳；同时，以永王李璘为四道节度使，负责江淮地区；双方互相配合，共同反击安禄山军队，争取早日结束战争，恢复国家安定。

其实，玄宗皇帝这样安排，对于击退叛军，是有一定作用的。尴尬的是，玄宗皇帝诏书还未送达，太子李亨已在灵武（今宁夏灵武）宣布即位，改年号为“至德”，称唐肃宗，尊玄宗为太上皇。也就是说，太子成了新皇帝，玄宗被迫退居二线。正因为如此，玄宗颁布的诏书，太子李亨压根儿不承认。

至德元年（756）九月，永王李璘出镇江夏，大量招募将士，率兵东巡，沿长江而下。听闻李白在庐山隐居，李璘派使者韦子春前去拜访，邀请李白加入自己的阵营，共图大业。

韦子春是李白的故交，两人关系还不错。同年岁暮，韦子春不请自来，向李白说明情况，邀其入永王幕，共谋大事。李白一听，高兴极了，心想：此乃天赐良机，我终于有机会实现自己的理想了。

送走韦子春，李白夫妻就这一邀请展开了深入的讨论。其实，李白非常渴望出仕入幕，帮助永王出谋划策，扫除叛乱，安定社稷。但他的心思太单纯，只求报国为民，对时局的变幻缺乏足够的洞见。宗夫人满脸忧愁，强烈反对李白入幕。她苦口婆心地劝说："世事难以预测，你心怀天下固然可敬，可保全自身，潜心修道，也不失为明智之举。"李白摇头，反驳妻子："国家有难，怎能置之不理？更何况，永王是奉旨行事，师出有名，我若能助他一臂之力，便是为天下苍生谋福祉。"夫妻二人争执不休，谁也说服不了谁，只能暂时作罢。

但没想到，韦子春又先后两次上山，传达永王的招募命令，诚意邀请李白加入永王阵营。如此三顾茅庐，李白终于忍不住答

应了。尤其是，他本就有报国之志，希望借此机会，实现“安社稷、济苍生”的人生理想。

至德二年（757）初，李白辞别宗夫人，下山投入永王阵营。宗夫人忧心忡忡，尽管极力反对李白涉入这乱世纷争，但最终还是选择了妥协，做出了让步。李白与宗夫人感情深厚，深知妻子的担忧与不舍，故写下《别内赴征》三首诗，字里行间透露出对宗夫人的劝慰和承诺。

李白随韦子春来到永王军营，见那大江之上，帆樯林立，战船无数，旌旗如云，遮天蔽日，不由得心潮澎湃，兴奋不已。为了给李白接风，永王特意在一艘大船上摆开筵席，带着手下的文臣武将热烈欢迎李白。李白受宠若惊，有些飘飘然，当场吟诗作赋，慷慨明志，博得众人欢呼喝彩。

李白虽投身永王麾下，但永王只当他是个文人代表，没有封他任何官职。李白却丝毫没有在意这些，一心沉浸在自己的报国幻想中，认为跟着永王出征，必能击败叛军，实现自己此生宏愿，然后功成身退，名垂青史。

随永王东下金陵途中，李白意气风发，激情高歌，连续写了十一首《永王东巡歌》，热情洋溢地赞颂了永王的功绩，预言其将迅速收复失地，重振河山。谁也没想到，已近五十七岁的李白，其内心仍充满豪情壮志，梦想自己能够在幕后运筹帷幄，辅佐王室，平定天下，成就一番伟业。

不得不承认，李白那颗炽烈的报国之心，自始至终从未改变过。当年少时，他立志为帝王师；当年老时，受邀入永王幕，李白心心念念的，都是整个大唐。

当然，这份深沉的爱国情怀中，也交织着他个人的抱负和美好的理想，归根结底，驱动他前行的仍是那四个字——为国为民。

李白坚信，永王率军东巡是奉天子之命，是救国救民的正义之举。可他不知道的是，他认为的“天子”与现实中的“天子”，已然不是同一个人了。李白以为，大家都在同心协力平定安史之乱，但在不知不觉间，玄宗和肃宗这对父子、李亨和李璘这对兄弟，已悄悄展开了权力之争。而单纯的李白，从他加入永王阵营开始，就注定要成为这场权力旋涡的牺牲品。

身陷囹圄冤不冤

人生旅途，犹如蜿蜒山路，既非一马平川，还布满岔路和挑战。一旦做出选择，就要承受其带来的后果，无论是悲是喜，是对是错，命运的安排终将如期而至，无法逃避，也无处躲藏。

唐肃宗至德二年（757），李白接受永王李璘的邀请，加入其阵营，激昂写诗，歌功颂德，摇旗呐喊，一心追随永王大军，盼望早日平定安禄山叛乱，恢复大唐的清明天下。可他怎么都没想到，自己尽心尽力所做的一切，很快给他带来了一场牢狱之灾。

原来，正当李白怀着满腔热情为永王讴歌助威时，唐肃宗李亨已开始采取行动，诏令永王速速带兵回到玄宗（太上皇）身边去。因肃宗刚刚即位，对手握重兵的弟弟永王很不放心，认为他率兵东巡危及了自己的帝王权威。于是，肃宗下令让永王回蜀地，陪伴太上皇。永王不服从哥哥肃宗的旨意，反而执行老爹的命令，率领军队浩浩荡荡前行。这一举动彻底激怒了肃宗，直接对永王下了讨伐令，调兵遣将，周密部署，悄悄设置好了包围圈。

至德二年（757）二月，肃宗和永王两兄弟在丹阳开战。结果，肃宗一方获胜，永王的大军溃败如山倒，一败涂地。永王也在逃亡途中被杀。李白在战乱中仓皇出逃，退居彭泽。但没过多久，肃宗下令肃清永王余党。李白在彭泽附近被捕，以“附逆作乱”的罪名被关入浔阳监狱。

李白锒铛入狱，被囚困在暗无天日的监牢里，戴着足镣手铐，涕泪横流，却始终不明白自己犯了什么错。当初，永王率军东巡，这是玄宗皇帝的旨意。而李白加入永王幕府，完全是想平定安禄山叛乱，救国救民于危难。这又何尝不是正义之举呢？

李白越想越委屈，越想越冤枉，颤抖着趴在监牢的地面上，一边哭泣一边写申诉书，口中还在不停叨念：“苍天啊，我李白有什么罪？本来我隐居深山，平安度日，但我心忧天下，想保家卫国，难道这也有错吗？只可惜，我没有听从妻子的劝告，才会陷入皇家父子、兄弟的争斗之中，追悔莫及呀！但我的满腔报国热忱，苍天可鉴，为什么今日身陷囹圄呢？”

李白的申诉书，情真意切，如歌如诉，连看守他的狱卒都被感动了，默默在门外擦着眼泪。远在庐山的宗夫人，得知李白入狱的消息后，伤心不已，立刻翻山越岭，夜以继日地赶往浔阳。夫妻二人自别后，未曾料到重逢之日，竟会是如此凄惨的情景。宗夫人看着李白，悲伤痛哭，既心疼又无奈；李白看着妻子流泪的样子，更是悔不当初，无比辛酸。

宗夫人带着李白的申诉书，在外面打听消息，四处奔走求助，寻找营救李白的办法。幸好，江南宣慰使崔涣和御史中丞宋若思尽力帮助李白，积极想办法，最终李白被释放出狱。宋若思是李白早年好友宋之悌的儿子，想当初，宋之悌被贬出京，李白曾写诗相送，诚意拳拳，那份温情让他的儿子宋若思铭记多年。这一次，得知李白在浔阳入狱，宋若思比任何人都努力营救。当李白被释放后，宋若思又让他加入自己的幕府做参谋，负责文书事务。

李白深得宋若思的欣赏和器重，先后写下几篇歌颂宋若思的文章。在此期间，李白重新燃起报国热情，希望通过宋若思的举荐，得到肃宗朝廷的任用，实现自己辅君济世的理想。然而，宋若思上书举荐李白后，朝廷久久没有回音，李白心中的希望之光又一次熄灭了。

李白自始至终都是一个胸怀天下、踌躇满志的人。但同时，他偏偏又是一个率真纯粹、如孩童般清澈的人。他赤诚坦荡，心无城府，全身散发着美好的理想主义，却因生活在复杂的现实中而被束缚了手脚，击碎了抱负。

当李白收到被流放夜郎的圣旨，再次被投入监狱时，命运将他推向了绝望的深渊。当得知昔日好友高适因平定叛乱有功，很受肃宗器重，且现在身居要职时，他犹豫再三还是给高适写了一首“求救”诗。多年前，他和高适、杜甫同游梁宋，三人结下深厚的友谊。而此时，若高适愿意出手帮忙，或许事情能有转机。但一向对朋友有情有义的高适，这次却表示没有能力帮助李白。这令李白感到无比心寒。

踏上流放之路

谚语有云：“吃一堑，长一智。”意在告诫世人，每经受一次挫折，就会得到一次教训，增长一分见识。简单理解，就是摔过跟头后，自己要记得疼，下次别再摔了。可是，李白这位传奇人物，恰恰走上了一条与众不同的道路。他非但未因跌倒而止步，反而愈挫愈勇，每一次跌倒都不过是他再次启程的序章。疼痛于他，非但未成枷锁，反而化作前行的动力，让他在伤痕累累中，继续追寻那遥不可及的诗与远方。

为什么会这样呢？因为，李白有一颗立志辅君安邦的心。回首过往，自李白离开故乡西蜀，一路走来，受到无数次打击，经历无数次失望，甚至绝望，但他从没有放弃过。用不了多久，他又会重拾信心，重燃希望，再次踏上实现理想的征途。或许，正因如此，李白才成了不会“吃一堑，长一智”的人，可这又何尝不是他坚守初心、固守理想的真实体现呢？

如今，作为一个年过半百、即将步入花甲之年的老人，李白仍怀着那颗充满报国理想的心，希望在有生之年乘风破浪，建功立业。只不过，他缺乏政治眼光，在晚年加入永王阵营，不小心站错了队，给自己带来一场牢狱之灾，差点儿丢掉性命。

虽然李白的性命得以保全，但命运并未轻易放过他，他还是等来了肃宗皇帝下达的惩处。乾元元年（758）二月，朝廷决定将李白流放至遥远的夜郎（今贵州桐梓一带）。无奈之下，五十八岁的李白在这一年春季，从浔阳出发，开启了流放之路。

李白离开前，默然站在江边，看着茫茫江水，心中无限悲凉。当时，很多人前来为他送行，场面非常热闹，李白抬眼注视

大家，与朋友们依依惜别，不舍之情溢于言表。此一去，长路漫漫，生死难料，不知何时才能再相见。

宗夫人在兄弟宗璟的陪伴下，早已泣不成声。李白望着虚弱的妻子，也是眼含热泪，说不出一句话来。夫妻二人执手相看泪眼，马上就要分别，这是多么凄凉悲伤的事情呀！

在众人的目送下，李白随着两个公差登船前行，一叶扁舟沿江而上。自此，他入夜郎，孤苦无依，只能伤心落泪。或许，他会后悔加入永王阵营，更后悔没有听从妻子的劝阻，才会落得这样无奈又无助的处境。然而，面对命运的冷酷与无情，即便是被誉为“诗仙”的他，也不得不承认自己的渺小与无力，只能在这无尽的夜色中，发出一声声沉重的叹息，感慨世事无常，人生多舛。

由于李白的名气很大，押送他的两个公差对他很尊敬，也很善待他。原本朝廷规定，必须在一百天内到达夜郎，但大唐法律也允许有“特殊情况”，可以适当延期。因李白本就有病在身，公差替他上报申请了几个月的病假，这样他就可以按照自己的节奏，不急不缓地一路前行了。

途中，李白经过江夏、汉阳、江陵等地，所到之处，许多官员因仰慕他，竞相设宴款待。更为难得的是，一些早年的老朋友，也幸运地再次见到李白，陪着他游览散心，吟诗作赋，令他感到宽慰不少。

就这样，一路走走停停，时而行舟，时而登陆，时而会友，时而独处，直到入冬时节，李白才刚进三峡。两岸青山，高耸入云，峭壁悬崖，宛若刀削般凌厉险峻。广阔的江面，在这里逐渐变窄，辽阔的天际，也成了一条白线。他回忆起自己追求理想的艰辛历程，不禁悲从中来，幽幽叹息。愁绪如江水般连绵不绝，日日夜夜萦绕心头，发丝在无尽的忧愁中也被岁月染上了斑白之色。于是，李白有感而发，挥笔写下一首《上三峡》：

巫山夹青天，巴水流若兹。巴水忽可尽，青天无到时。三朝上黄牛，三暮行太迟。三朝又三暮，不觉鬓成丝。

李白在三峡又走了两个多月，直至第二年（759）开春，终于到达了古白帝城，继续南下就是古夜郎了。白帝城历史悠久，李白站在城头远望，看那汹涌奔流的江水，不由得心潮澎湃，百感交集：有哀伤，有痛楚，有悲愤，有懊悔，更有无尽的思念……真是一言难尽，说不出是什么滋味。

在白帝城停留几日后，李白正准备离开，去往流放地夜郎。这时，一个天大的好消息突然降临——因关中旱灾，皇帝大赦天下："死者从流，流以下完全赦免。"李白恰在其中，重获自由。这下李白高兴坏了，立刻欢呼起来，整个人仿佛突然年轻了好几岁，变得精神抖擞，神采奕奕，他甚至又幻想起自己又有可能被朝廷重用，实现人生理想了。

于是，在一个朝霞满天的清晨，李白怀着愉悦的心情，乘着轻快的小舟，一路顺流而下，从白帝城速速踏上归途。为表达自己的欢喜与兴奋之情，他当即创作一首《早发白帝城》，后来成

了家喻户晓的名诗。

朝辞白帝彩云间，千里江陵一日还。

两岸猿声啼不住，轻舟已过万重山。

此时的李白，如飞出牢笼的鸟儿，张开有力的翅膀，向着广阔的天地，自在翱翔，无拘无束。

继续穷游天地间

李白为人性情洒脱，崇尚自由，一生追逐理想，永不言弃。怀着这份坚定的初心，乾元二年（759），李白获得赦免后，乘舟从白帝城返回江夏时，正赶上杨花漫天的美好季节。

江夏是当时大唐南方的政治中心。城内花红柳绿，歌舞升平，车水马龙，处处都是繁荣昌盛的景象。杨花盛开，一朵朵，一串串，漫天飞舞，轻盈优雅，真是令人陶醉的美景呀！此时，长安、洛阳已经收复，朝廷上下喜气洋洋，欢呼庆祝，仿佛天下大势已步入平稳之轨，沉浸在“中兴”的乐观幻象之中。

李白回到江夏后，仿佛重新看到了希望，也开始关注时局，广泛交友，期待寻找报效国家的新机会。李白去拜访故交江夏太守韦良宰，并亲笔为他写德政碑的碑文，将韦太守的“功德”大肆歌颂一番。同时，李白也表达了自己渴望入仕、报效国家的心愿，希望韦太守帮忙向朝廷荐举他。尽管期待满满，这份愿望却如同投石入海，没有等来预期的回应。

李白深感失望，却并未放弃。他在江夏逗留数月，为了不灭的理想，四处求人荐举，结果只是碰了一鼻子灰，什么收获都没有。李白心中十分愁苦，无奈地发出感叹：“报国有壮心，龙颜不回眷。西飞精卫鸟，东海何由填？”原来，天下之大，地海之阔，竟再也找不到他的报国之路了。

恰在此时，南陵故友韦冰途经江夏，邀请李白和其他几位友人，一起泛舟赤壁，畅游痛饮。夕阳西下，清风徐徐，众人乘舟慢慢行于碧波之上，李白心中怀着无限愁绪。两侧惊涛拍岸，乱石崩云，奇峰耸立，险峻无比。李白酒兴正浓，摇摇晃晃站在船头，望着滔滔江水大声狂呼，一篇《江夏赠韦南陵冰》脱口而出：

……我且为君捶碎黄鹤楼，君亦为吾倒却鹦鹉洲。赤壁争雄如梦里，且须歌舞宽离忧。

李白终于意识到，要实现自己的报国理想，简直难于登天，似乎只有在梦里才能实现。既然理想幻灭，报国梦碎，李白决定释放心灵，投身于饮酒作乐、吟歌起舞之中，寻找生活中的另一种自由与欢愉。

这年秋天，李白前往洞庭湖游玩，还有幸遇到了故人贾至和李晔。三人久别重逢，各诉衷情，皆是满腹冤屈，同病相怜。八百里洞庭，壮阔无边，湖光山色，美不胜收。李白陪同两位好友，在船上纵酒狂歌，尽情宣泄胸中的郁结与辛酸。

从两位好友的口中，李白听到了很多"真实"的消息，是与表面看起来故作盛世的江夏官场，完全不同的消息。自长安、洛

阳两京收复后，国家局势看似安稳下来，其实以肃宗为首的朝廷，只是苟且偷安，得过且过，他们对于彻底剿灭叛军、荡平叛乱并没有什么妙法良策。尤其是，后宫干政，宦官专权，忠良见疑，奸臣当道，现今朝堂已是乌烟瘴气，混乱不堪。郭子仪、李光弼等勇猛善战的武将，也因朝廷朝令夕改，不知如何进退，左右为难，以致二十万官兵在河南作战中连连溃败，反倒令安禄山余党死灰复燃，妄图卷土重来。

这混乱的时局，动荡的山河，可怜的百姓，真是“闻者伤心听者流泪”，偏偏高高在上的统治者，毫无感觉，置若罔闻。李白不得不让自己心死了，一介布衣，无权无势，报国无门，平叛无路，空有一腔报国之志，在这烟雾弥漫的乱世之中，无异于落入江海的一粒石子，甚至连水花都溅不起来，自己又何必忧国忧民、心急如焚呢？

李白与贾至、李晔三人，在巴陵停留期间，曾多次出游洞庭湖。白日的洞庭湖，壮丽辽阔，波光粼粼，平静的湖面如明晃晃的镜子，熠熠生辉；夜晚的洞庭湖，月色笼罩，微波荡漾，仿佛安宁入睡的孩子，沉静而美丽。李白常常在船上喝得酩酊大醉，但越是如此，他越才如泉涌，诗兴大发，一连写下五首《游洞庭湖》，既表达了他对洞庭美景的喜爱，也尽情吐露了自己屡受挫折、壮志难酬的苦闷。

本来，李白游完洞庭湖后，准备回到豫章（今江西南昌）家中，与妻子宗夫人团聚。不料途中遇到襄州将领起兵叛乱，李白只好绕路而行，出游三湘。

就这样，兜兜转转又过了几个月，直到次年（760）春天，李白才从湘中返至江夏，再回到妻子寄居的豫章。一路穷游，四处求人，李白希望自己能够风风光光站在妻子面前，可事与愿违，他仍旧未达理想，空手而归，一无所获。

悲歌一首终离去

李白一生才华横溢，天赋过人，诗文佳作流传千古，但始终存有遗憾，未能实现“安社稷、济苍生”的政治理想。

唐肃宗上元元年（760）秋，李白历经风霜，回到豫章家中，与久别的宗夫人团聚。夫妻二人泪眼相对，无语凝噎。本以为此生无望再见，不料命运眷顾，此刻再相见，悲喜交加，难以言表。尽管满头白发、一身沧桑，但年近花甲的李白，活生生回来了，宗夫人已心满意足。

当初，李白身陷囹圄，宗夫人四处求助，几乎变卖了所有珠宝首饰，用尽所有的积蓄，现在可谓家徒四壁，捉襟见肘。李白六十岁生日即将到来，宗夫人不愿让他寒酸地度过六十诞辰，变卖了自己仅剩的一只名贵首饰盒，为李白换来一桌体面的六十大寿的筵席。

李白非常感激妻子，也深深愧对妻子。无论是许夫人，还是宗夫人，她们都尽心尽力照顾李白、支持李白，给了他温暖的家园、安稳的港湾。然而，多年来，李白为自己的理想奔波，很少顾及家庭、顾及妻儿，直到日暮西山的老年，他仍是个让妻子殚精竭虑的不合格丈夫。或许他唯一能做的，便是尊重宗夫人的选择，支持她去庐山隐居修道。

李白深知妻子求仙问道的诚心，也想起自己人生的第二理想，不禁又开始动摇，想跟着妻子同往庐山，寻仙访道，回归自然。于是，他信笔写下一首《庐山谣寄卢侍御虚舟》：

我本楚狂人，凤歌笑孔丘。手持绿玉杖，朝别黄鹤楼。五岳寻仙不辞远，一生好入名山游。……

李白晚年流放归来，政治理想破灭后，心境似乎豁然开朗，萌生了想要居名山，做隐士的念头。他想自己原本就是一个楚国接舆那样的草野狂人，不如就隐居山林，寄情山水，遁形远世吧！

尽管李白口头上表达了对隐居生活的向往，笔下也描绘着超脱尘世的愿景，然而在实际中，他却难以真正做到远离尘嚣、超然物外。

没过多久，宗夫人提出上庐山修道，李白亲自写诗为妻子送行，祝愿妻子早日修道成仙。随后，李白也离开豫章，前往金陵。由于没有固定的经济来源，李白在金陵过得穷困潦倒，几乎都是靠着别人接济，有时连吃饭的钱都没有。

尽管生活如此落魄，李白心中仍燃烧着一团火，期待自己像战国名将廉颇那样老当益壮，继续为国效力。李白就是这样，无论现实如何打压，如何摧残，他那植根于心底的报国之志，始终坚如磐石，不曾有丝毫动摇。“济世天下，安邦定国”的崇高理想，始终照亮并引领着李白的一生。

唐肃宗上元二年（761）初秋，叛军卷土重来，中原战事又起。朝廷任命李光弼为天下兵马副元帅，出镇临淮，平定叛乱。此时，李白已六十一岁了，但他听到这个消息后，热血沸腾，奋然而起，竟决定奔赴军营，请缨杀敌，借此实现报国理想。他拿出宝剑，擦得雪亮，还特意拴了一簇红缨，再穿上待诏翰林时受赐的宫锦袍，骑着朋友借给他的老马，雄赳赳、气昂昂地从金陵出发，去往军营。谁知，又一次天不遂人愿，李白才走到半路，就连人带马病倒了，休息几天后，只能拖着虚弱的身体返回金陵。

茫茫夜幕下，李白坐在窗边，一边摇头一边叹息："唉，老了，没用了。事到如今，我还能做什么？还能去哪里？"李白望着挂在天边的明月，仿佛又回到几十年前，自己卧病扬州，无依无靠，独在异乡思念家园。转眼间，他已是垂暮老人，奔波一生，碌碌无为，心中无限悲凉。时光荏苒，岁月如梭，看尽花开花落，唯清风明月依旧。

李白在金陵思忖良久，最终决定去当涂（今安徽马鞍山）投靠族叔李阳冰。李阳冰任职当涂县令，善于词章，小篆书法天下闻名。李白久闻其名，又因自己贫困交加，实在走投无路，才诚惶诚恐前去投奔。

李阳冰素闻李白诗名，已佩服之至，如今能与李白相见，自然十分欢喜，热情接待。李白非常感激他，心中涌动着久违的温暖，也在这里度过了人生最后一段快乐的日子。次年（762）春，李白身体好了一些，开始旧地重游，去往附近的宣城、南陵、泾县，再看敬亭山。望着敬亭山殷红的杜鹃花，灿烂如火，李白不由得想起了家乡蜀地，思乡之情油然而生，写下一首《宣城见杜鹃花》来慰藉自己。

蜀国曾闻子规鸟，宣城还见杜鹃花。

一叫一回肠一断，三春三月忆三巴。

同年秋，李白回到当涂，病情日益加重，每况愈下，恐怕不久于人世。弥留之际，李白将自己的诗文手稿全部交付给李阳冰，拜托他整理编集。李阳冰不负重托，苦心斟酌，连熬几夜，写成《草堂集序》，留给后世。

临终前，李白又作一首绝笔诗《临路歌》，为自己一生感叹，画上了最后的句号。

> 大鹏飞兮振八裔，中天摧兮力不济。
>
> 余风激兮万世，游扶桑兮挂石袂。
>
> 后人得之传此，仲尼亡兮谁为出涕。

李白胸怀大鹏之志，身负绝世之才，一生倾尽全力想济世天下，终是报国无门，空留遗憾。但这又有什么关系呢？大唐庙堂少了一位宰相，中华文坛却多了一位诗仙。李白，豪情万丈，浪漫洒脱，才华冠绝，举世无双，他便是独一无二的大唐诗仙。